westermann

FiNALE Prüfungstraining

Nordrhein-Westfalen

**Mittlerer Schulabschluss
Realschule, Hauptschule Typ B und
Gesamtschule Erweiterungskurs**

Mathematik

2024

Lösungen und Formelsammlung

Bernhard Humpert
Dr. Martina Lenze
Dr. Bernd Liebau
Ursula Schmidt
Peter Welzel

ISBN 978-3-07-172408-2

Ebene Figuren

Quadrat

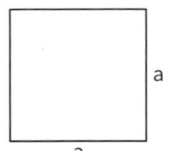

Flächeninhalt:
$A = a \cdot a = a^2$

Umfang:
$u = 4 \cdot a$

Rechteck

Flächeninhalt:
$A = a \cdot b$

Umfang:
$u = 2 \cdot a + 2 \cdot b$

Dreieck

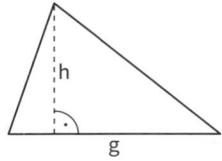

Flächeninhalt:
$A = \dfrac{g \cdot h}{2}$

Umfang:
$u = a + b + c$

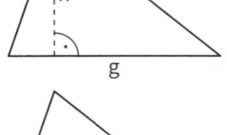

Parallelogramm

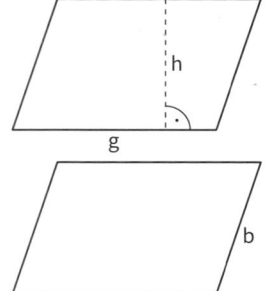

Flächeninhalt:
$A = g \cdot h$

Umfang:
$u = 2 \cdot a + 2 \cdot b$

Trapez

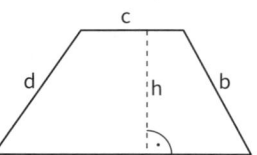

Flächeninhalt:
$A = \dfrac{a + c}{2} \cdot h$

Umfang:
$u = a + b + c + d$

Kreis

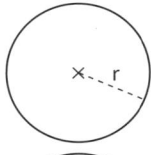

Radius: r

Durchmesser: $d = 2 \cdot r$

Flächeninhalt: $A = \pi \cdot r^2$

Umfang: $u = 2 \cdot \pi \cdot r$

Kreissektor

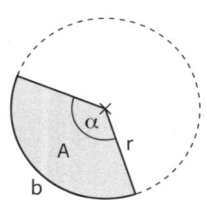

Flächeninhalt:
$A = \pi \cdot r^2 \cdot \dfrac{\alpha}{360°}$

Kreisbogen:
$b = 2 \cdot \pi \cdot r \cdot \dfrac{\alpha}{360°}$

Kreisring

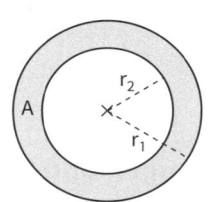

Flächeninhalt:
$A = A_1 - A_2$
$A = \pi \cdot r_1^2 - \pi \cdot r_2^2$

Beziehungen im rechtwinkligen Dreieck

Im rechtwinkligen Dreieck gilt:

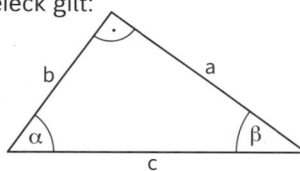

Die beiden *Katheten* a und b bilden einen rechten Winkel.
Die *Hypotenuse* c ist die längste Seite des Dreiecks und liegt dem rechten Winkel gegenüber.

Satz des Pythagoras

$a^2 + b^2 = c^2$

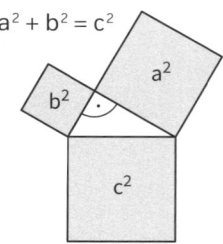

Trigonometrie

$\sin \alpha = \dfrac{a}{c} = \dfrac{\text{Gegenkathete von } \alpha}{\text{Hypotenuse}}$

$\cos \alpha = \dfrac{b}{c} = \dfrac{\text{Ankathete von } \alpha}{\text{Hypotenuse}}$

$\tan \alpha = \dfrac{a}{b} = \dfrac{\text{Gegenkathete von } \alpha}{\text{Ankathete von } \alpha}$

Maßeinheiten

Länge

Kilometer	Meter	Dezimeter	Zentimeter	Millimeter
1 km	= 1000 m			
	1 m	= 10 dm		
		1 dm	= 10 cm	
			1 cm	= 10 mm

Fläche

Quadratmeter	Quadratdezimeter	Quadratzentimeter	Quadratmillimeter
1 m²	= 100 dm²		
	1 dm²	= 100 cm²	
		1 cm²	= 100 mm²

Geometrische Körper

Würfel

Volumen:
$V = a \cdot a \cdot a = a^3$

Oberfläche:
$O = 6 \cdot a \cdot a = 6 \cdot a^2$

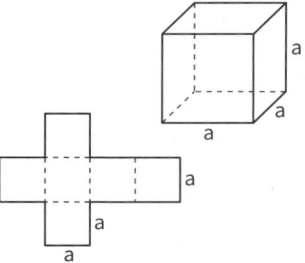

Quader

Volumen:
$V = a \cdot b \cdot c$

Oberfläche:
$O = 2 \cdot a \cdot b + 2 \cdot b \cdot c + 2 \cdot c \cdot a$

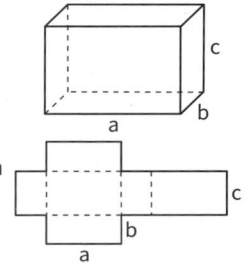

Prisma   Beispiel: Dreiecksprisma

Grundfläche: G

Höhe des Körpers: h_K

Umfang der
Grundfläche: u

Volumen:
$V = G \cdot h_K$

Mantelfläche:
$M = u \cdot h_K$

Oberfläche:
$O = 2 \cdot G + M$

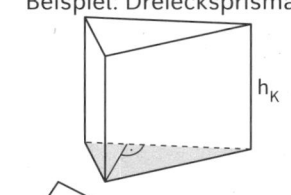

Zylinder

Grundfläche (Kreis): $G = \pi \cdot r^2$

Höhe des Körpers: h_K

Umfang der
Grundfläche: $u = 2 \cdot \pi \cdot r$

Volumen:
$V = G \cdot h_K$

Mantelfläche:
$M = u \cdot h_K$

Oberfläche:
$O = 2 \cdot G + M$

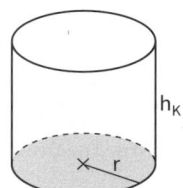

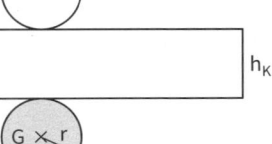

Pyramide   Beispiel: Quadratische Pyramide

Grundfläche: G

Höhe des Körpers: h_K

Höhe der Seitenfläche: s

Volumen: $V = \frac{1}{3} \cdot G \cdot h_K$

Mantelfläche: M

Oberfläche:
$O = G + M$

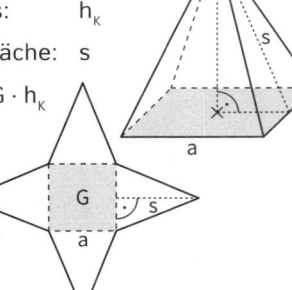

Kegel

Grundfläche (Kreis): $G = \pi \cdot r^2$

Höhe des Körpers: h_K

Länge der Mantellinie: s

Volumen: $V = \frac{1}{3} \cdot G \cdot h_K$

Mantelfläche:
$M = \pi \cdot r \cdot s$

Oberfläche:
$O = G + M$

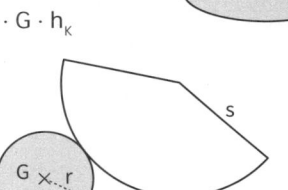

Kugel

Volumen: $V = \frac{4}{3} \cdot \pi \cdot r^3$

Oberfläche: $O = 4 \cdot \pi \cdot r^2$

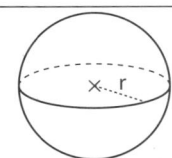

Maßeinheiten

Volumen

Kubik-meter	Kubik-dezimeter	Kubik-zentimeter	Kubik-millimeter
$1\ m^3$ =	$1000\ dm^3$		
	$1\ dm^3$ =	$1000\ cm^3$	
		$1\ cm^3$ =	$1000\ mm^3$

Liter (ℓ) $1\ dm^3 = 1\ ℓ = 1000\ mℓ$
$1\ cm^3 = 1\ mℓ$

Masse

Tonne	Kilogramm	Gramm	Milligramm
1 t =	1000 kg		
	1 kg =	1000 g	
		1 g =	1000 mg

Zentrische Streckung und Ähnlichkeitsbeziehungen

Bei einer zentrischen Streckung mit dem Zentrum Z und dem Streckungsfaktor k ($k \neq 0$) wird jeder Punkt P auf einen Bildpunkt P' abgebildet.

Es gilt:
- Z, P und P' liegen auf einer Geraden.
- $\overline{ZP'} = |k| \cdot \overline{ZP}$
- $k > 0$: P' und P liegen auf derselben Seite von Z
- $k < 0$: P' und P liegen auf gegenüberliegenden Seiten von Z

Beispiel: zentrische Streckung eines Dreiecks
$k > 0$

$$k = \frac{\overline{ZA'}}{\overline{ZA}} = \frac{\overline{ZB'}}{\overline{ZB}} = \dots$$

außerdem gilt:
$$k = \frac{\overline{A'B'}}{\overline{AB}} = \frac{\overline{A'C'}}{\overline{AC}} = \dots$$

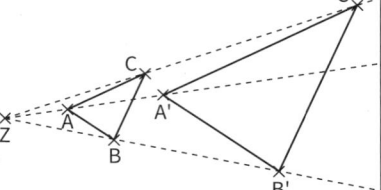

Original- und Bildfigur sind zueinander ähnlich, d. h. die Bildstrecken sind parallel zu den Orginalstrecken und die Winkelgrößen bleiben erhalten.

Prozent- und Zinsrechnung

Prozentrechung

Grundwert: $G \triangleq 100\,\%$

$G = \frac{W}{p\,\%}$

Prozentsatz: $p\,\% = \frac{p}{100}$

$p\,\% = \frac{W}{G}$

Prozentwert: W

$W = G \cdot p\,\%$

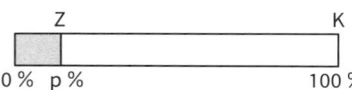

Prozentsätze zur Orientierung

$1\,\%$	$= \frac{1}{100}$	$= 0,01$
$5\,\%$	$= \frac{1}{20}$	$= 0,05$
$10\,\%$	$= \frac{1}{10}$	$= 0,1$
$25\,\%$	$= \frac{1}{4}$	$= 0,25$
$33,\overline{3}\,\%$	$= \frac{1}{3}$	$= 0,\overline{3}$
$50\,\%$	$= \frac{1}{2}$	$= 0,5$

Zinsrechung

Kapital: $K \triangleq 100\,\%$
Zinssatz: $p\,\%$
Zinsen: Z

Jahreszinsen

$Z = K \cdot p\,\%$

Monatszinsen
m: Anzahl der Monate
$Z_m = K \cdot p\,\% \cdot \frac{m}{12}$

Tageszinsen
t: Anzahl der Tage
$Z_t = K \cdot p\,\% \cdot \frac{t}{360}$

Zinseszins

Anfangskapital: K_0

Zinsfaktor: $q = 1 + \frac{p}{100}$

Anzahl der Jahre: n

Kapital mit Zinseszins Jahr für Jahr
1. Jahr: $K_1 = K_0 \cdot q$
2. Jahr: $K_2 = K_1 \cdot q$
⋮

Kapital mit Zinseszins nach n Jahren
$K_n = K_0 \cdot q^n$

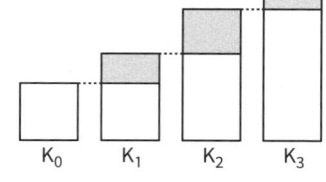

Diagramme

Werte darstellen
Säulendiagramm

Anteile darstellen
Streifendiagramm

30 %	20 %	50 %

Balkendiagramm

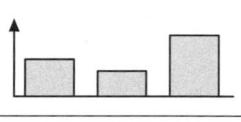

Kreisdiagramm

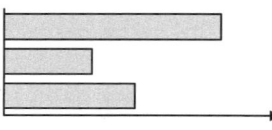

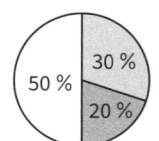

$100\,\% \triangleq 360°$
$10\,\% \triangleq 36°$
$1\,\% \triangleq 3,6°$

Daten

Häufigkeiten

absolute Häufigkeit:
Die absolute Häufigkeit gibt an, wie oft ein bestimmter Wert (Merkmal/Ergebnis/Ereignis) bei einer Befragung/einem Experiment auftritt.

relative Häufigkeit:
Die relative Häufigkeit gibt das Verhältnis von der absoluten Häufigkeit eines Wertes zu der Anzahl aller Werte an.

$$\text{relative Häufigkeit} = \frac{\text{absolute Häufigkeit}}{\text{Anzahl aller Werte}}$$

Daten sammeln und ordnen

Urliste:
In einer Urliste liegen alle Werte einer Befragung in der Reihenfolge vor, wie sie beobachtet wurden.

Rangliste:
In einer Rangliste liegen alle Werte einer Befragung in geordneter Reihenfolge vor, vom kleinsten zum größten Wert sortiert.

Mittelwerte

arithmetisches Mittel $\bar{x}$:
Das arithmetische Mittel (Durchschnittswert) ist die Summe aller Werte geteilt durch die Anzahl n der Werte.

$$\bar{x} = \frac{x_1 + x_2 + \dots + x_n}{n}$$

Median $\tilde{x}$:
Der Wert, der in der Mitte einer Rangliste steht, heißt Median (Zentralwert).

Median bei ungerader Anzahl:
38; 39; 39; 40; 43
  Median

$\tilde{x} = 39$

Median bei gerader Anzahl:
38; 39; 40; 45
  Median

$\tilde{x} = 39$ oder $\tilde{x} = 40$
bzw.:
$(39 + 40) : 2 = 39{,}5$

Statistische Kennwerte im Boxplot darstellen

Minimum: x_{Min}
Maximum: x_{Max}
Spannweite: $x_{Max} - x_{Min}$
Median: $\tilde{x}$
unteres Quartil: q_u (Median der unteren Hälfte der Werte)
oberes Quartil: q_o (Median der oberen Hälfte der Werte)

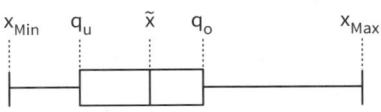

Wahrscheinlichkeitsrechnung

Laplace-Wahrscheinlichkeit

Laplace-Versuche sind Zufallsversuche, bei denen jedes Ergebnis gleich wahrscheinlich ist.

Für die Wahrscheinlichkeit P eines Ereignisses E gilt dann:

$$P(E) = \frac{\text{Anzahl der günstigen Ergebnisse}}{\text{Anzahl der möglichen Ergebnisse}}$$

Mehrstufige Zufallsversuche

Mehrstufige Zufallsversuche lassen sich in einem Baumdiagramm darstellen. Die Wahrscheinlichkeiten lassen sich mithilfe der Pfadregeln berechnen.

1. Pfadregel (Produktregel)
Die Wahrscheinlichkeit eines Ergebnisses E ist gleich dem Produkt der Wahrscheinlichkeiten entlang des zugehörigen Pfades.

$P(E) = p_1 \cdot p_2$

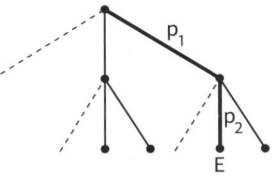

2. Pfadregel (Summenregel)
Die Wahrscheinlichkeit eines zusammengesetzten Ereignisses E ist gleich der Summe der einzelnen Wahrscheinlichkeiten der zugehörigen Ergebnisse.

$P(E) = P(E_1) + P(E_2) = p_1 \cdot p_2 + q_1 \cdot q_2$

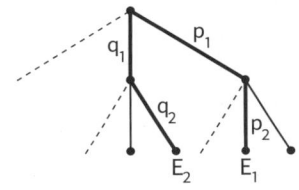

Funktionen

Eine Funktion ist eine eindeutige Zuordnung. Dabei wird jeder Ausgangsgröße eine Größe zugeordnet.
Eine Funktion kann auf unterschiedliche Weise angegeben werden:

Wortform
Beispiel:
„Jeder Zahl wird ihre Quadratzahl zugeordnet."

Zuordnungsvorschrift
$x \mapsto x^2$

Wertetabelle

x	−2	−1	0	1	2
y	4	1	0	1	4

Funktionsgleichung
$y = x^2$ oder $f(x) = x^2$

Graph

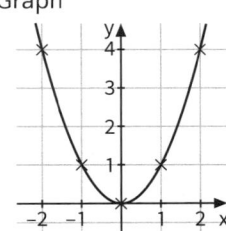

Schnittpunkte und Berührungspunkte mit den Koordinatenachsen:
Wenn $f(x_0) = 0$, dann ist x_0 eine Nullstelle von f. Der Graph von f schneidet oder berührt die x-Achse im Punkt $(x_0 \mid 0)$.
Wenn der Graph einer Funktion f die y-Achse schneidet, dann ist an der Stelle $x = 0$ der Schnittpunkt mit den Koordinaten $(0 \mid y_0)$.

Lineare Funktionen

allgemeine Geradengleichung
$g: y = m \cdot x + n$

Steigung der Geraden

$m = \dfrac{y_2 - y_1}{x_2 - x_1} \qquad x_2 \neq x_1$

y-Achsen-Abschnitt: n

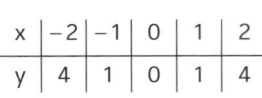

$m > 0$
die Gerade g steigt

$m < 0$
die Gerade g fällt

Eigenschaften von quadratischen Funktionen

gestreckte / gestauchte Parabel: $y = a \cdot x^2$

Normalparabel
$y = x^2$

Scheitelpunkt: $S(0 \mid 0)$

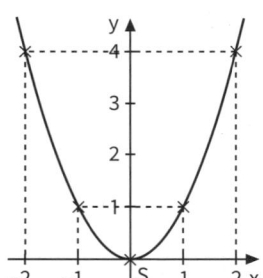

Streckfaktor: a, $a \neq 0$

Die Parabel ist gestreckt, wenn $a > 1$

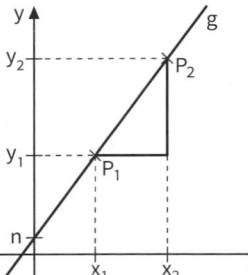

Die Parabel ist gestaucht, wenn $0 < a < 1$

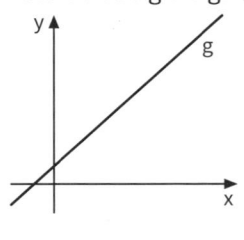

Die Parabel ist nach unten geöffnet, wenn $a < 0$

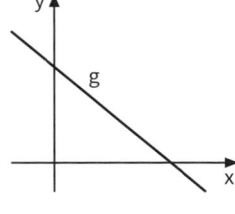

allgemeine Form
$y = a \cdot x^2 + b \cdot x + c$, $(a \neq 0)$

Schnittpunkt mit der y-Achse: $(0 \mid c)$

Scheitelpunktform
$y = a \cdot (x - d)^2 + e$, $(a \neq 0)$

Scheitelpunkt: $S(d \mid e)$

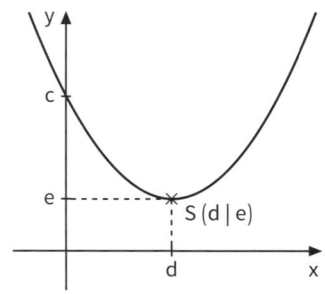

Exponentialfunktionen und exponentielles Wachstum

allgemeine Form
$y = q^x \quad (q \in \mathbb{R}^+)$

Definitionsbereich: $x \in \mathbb{R}$

Wertebereich: $y \in \mathbb{R}^+$

Schnittpunkt mit der y-Achse:
$(0 \mid 1)$

Kein Schnittpunkt mit der
x-Achse

exponentielles Wachstum
$y = a \cdot q^x \quad (a \in \mathbb{R} \setminus \{0\}, q \in \mathbb{R}^+)$

Anfangswert (Startwert): a

Wachstumsfaktor: q

prozentuale Zunahme um p %:
$q > 1, q = 1 + \dfrac{p}{100}$

prozentuale Abnahme um p %:
$0 < q < 1, q = 1 - \dfrac{p}{100}$

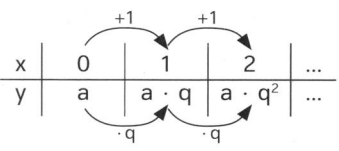

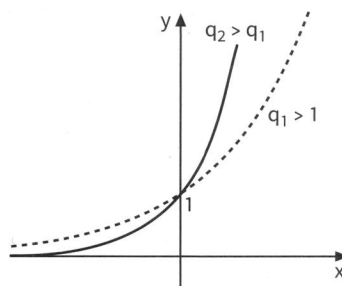

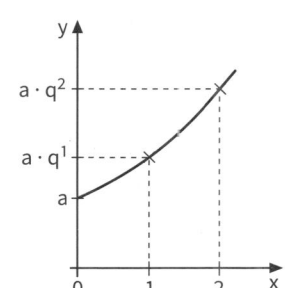

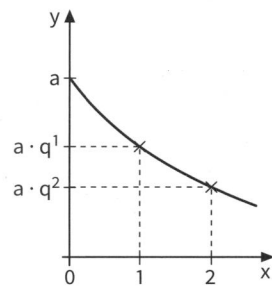

Sinusfunktion
$y = \sin \alpha$

Wertebereich: $-1 \leq y \leq 1$

Periode: $360°$, also
$\sin \alpha = \sin (\alpha + 360°)$

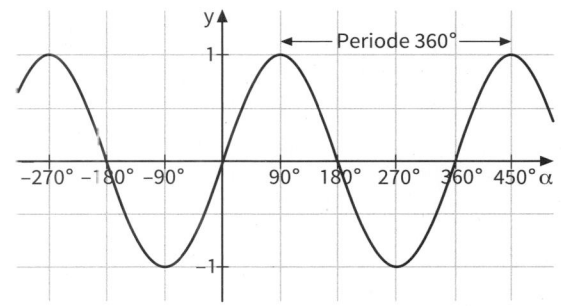

Bionomische Formeln

$(a + b)^2 = a^2 + 2 \cdot a \cdot b + b^2$ $(a - b)^2 = a^2 - 2 \cdot a \cdot b + b^2$ $(a + b) \cdot (a - b) = a^2 - b^2$

Quadratische Gleichungen

Normalform:
$x^2 + p \cdot x + q = 0; \quad p, q \in \mathbb{R}$

Lösung: $x_{1/2} = -\dfrac{p}{2} \pm \sqrt{\left(\dfrac{p}{2}\right)^2 - q}$; wenn $\left(\dfrac{p}{2}\right)^2 - q \geq 0$

Es gibt keine Lösung, wenn $\left(\dfrac{p}{2}\right)^2 - q < 0$.

Potenz- und Wurzelgesetze

Potenzgesetze

$m, n \in \mathbb{Q}$, wenn $a, b \in \mathbb{R}^+$ oder $m, n \in \mathbb{Z}$, wenn $a, b \in \mathbb{R} \setminus \{0\}$

$a^m \cdot a^n = a^{m+n}$ $a^n \cdot b^n = (a \cdot b)^n$ $(a^m)^n = a^{m \cdot n}$ $a^0 = 1$

$a^m : a^n = a^{m-n}$ $a^n : b^n = (a : b)^n$ $a^{-n} = \dfrac{1}{a^n}$

Wurzelgesetze

$a, b \in \mathbb{R}_0^+$ und $m, n \in \mathbb{N}$ $\sqrt[n]{a} = a^{\frac{1}{n}}$

$\sqrt[n]{a} \cdot \sqrt[n]{b} = \sqrt[n]{a \cdot b}$ $\dfrac{\sqrt[n]{a}}{\sqrt[n]{b}} = \sqrt[n]{\dfrac{a}{b}} \quad (b > 0)$ $\sqrt[n]{\sqrt[m]{a}} = \sqrt[m]{\sqrt[n]{a}} = \sqrt[m \cdot n]{a}$ $\left(\sqrt[n]{a}\right)^m = \sqrt[n]{a^m} = a^{\frac{m}{n}}$

Hier im Lösungsheft befinden sich **Kurzlösungen** zu den Aufgaben des Eingangstests (S. 8 – 13).
Ausführliche Lösungen zum Eingangstest befinden sich im Arbeitsbuch (S. 16 – 37).

Kurzlösungen – Eingangstest Teil A Basisaufgaben

Arithmetik/Algebra (Eingangstest)

S.8

1   Rechnen und Ordnen
a) (1) 6   (2) 0,9   (3) 1   (4) 11,9   (5) $-2,9$ (6) 5

b) $-0,7 < -\frac{1}{2} < 0,5 < 0,6 < \frac{3}{4} < \frac{4}{3} < 1\frac{3}{5}$

2   Prozente
a) 75 €   b) 5 %   c) 200 kg   d) 24,80 €

3   Gleichungssysteme
a) $x = 2$, $y = -1$ b) Breite 6,5 cm, Länge 8,5 cm

4   Schätzen
Oberfläche Schokoladentafel: 30 000 mm²   Höhe Kirchturm: 0,085 km
Volumen Badewasser: 320 l, also ca. 0,300 m³

S.9

5   Wintercheck
a) C3   b) 16,50 €   c) =Summe(D3:D8)   d) =D10*0,19; =D10*B11/100

6   Aussagen
a) (1) Ja   (2) Nein   (3) Ja   (4) Nein
b) $x = 32$ (1) Max 32 Jahre; Vera 28 Jahre   (3) 1. Tag 32 km; 2. Tag 28 km

Funktionen (Eingangstest)

7   Zuordnungen
Richtig anzukreuzen ist jeweils …
a) p (proportional)   b) k (keines von beiden)
c) a (antiproportional)   d) k (keines von beiden)

S.10

8   Gleichungen und Graphen
g_1: $y = -x - 2$ g_3: $y = 2x^2$ g_5: $y = x - 2$
g_2: $y = -0,5x^2$ g_4: $y = -x + 2$ g_6: $y = x^2 + 2x + 2$

9   Parabeln in verschiedenen Darstellungen
Scheitelpunktform: $f(x) = 2\,(x - 3)^2 - 15$ Allgemeine Form: $f(x) = 2x^2 - 12x + 3$

10   Lineare Funktion – Füllmenge
a) 150 l b) Abnahme pro Minute: 2 l c) $y = -2x + 150$

11   Exponentielles Wachstum
Nach 5 Jahren hat die Stadt ca. 46 371 Einwohner.

Geometrie (Eingangstest)

S.11

12   Rechteck
Weil $a = 8$ cm und der Umfang $u = 2a + 2b = 30$ cm, ist $b = 7$ cm.
Damit ist der Flächeninhalt $A = a \cdot b = 56$ cm².

13 Dreieck im Koordinatensystem

a) $P(-1|3)$; $Q(-1|-2)$; $R(4|-1)$

c) Die Figur PQRS ist ein Parallelogramm.

b) $g = 5$ cm; $h = 5$ cm; $A = \dfrac{5\text{ cm} \cdot 5\text{ cm}}{2} = 12{,}5\text{ cm}^2$

d) $A = g \cdot h \rightarrow A = 5\text{ cm} \cdot 5\text{ cm} = 25\text{ cm}^2$

14 Umzug

Volumen eines Kartons: $V = 0{,}6\text{ m} \cdot 0{,}33\text{ m} \cdot 0{,}34\text{ m} = 0{,}06732\text{ m}^3$

90 Kartons haben das Volumen $90 \cdot 0{,}06732\text{ m}^3 = 6{,}0588\text{ m}^3$.

Zu empfehlen ist der Transporter mit dem Ladevolumen von $9{,}5\text{ m}^3$.

15 Zylinder

a) Netz:

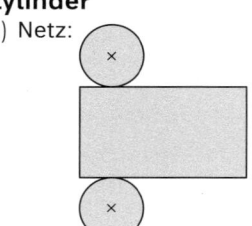

b) $O = 2 \cdot \pi \cdot r^2 + 2 \cdot \pi \cdot r \cdot h$

$O = 2 \cdot \pi \cdot (14\text{ cm})^2 + 2 \cdot \pi \cdot 14\text{ cm} \cdot 8\text{ cm}$

$O \approx 1\,935\text{ cm}^2$

16 Buchstaben-Design

$\overline{CD} = \dfrac{1}{3} \cdot \overline{AB} = \dfrac{1}{3} \cdot 6\text{ cm} = 2\text{ cm}$

$\overline{SC} = \dfrac{2\text{ cm} \cdot 6{,}6\text{ cm}}{6\text{ cm}} \qquad \overline{SC} = 2{,}2\text{ cm}$

Die Strecke in der Zeichnung sollte 2,2 cm lang sein.

17 Drachen

a) $a^2 + b^2 = e^2$ $\qquad e \approx 35{,}36\text{ cm}$ $\qquad f = 3 \cdot \dfrac{e}{2} = 3 \cdot 17{,}68\text{ cm} = 53{,}04\text{ cm}$

b) $c^2 = \left(\dfrac{e}{2}\right) + e^2;$ $\qquad c \approx 39{,}53\text{ cm}$

$u = 2 \cdot 25\text{ cm} + 2 \cdot 39{,}53\text{ cm} \approx 129\text{ cm}$

Die Schnur rund um den Drachen ist ungefähr 130 cm lang.

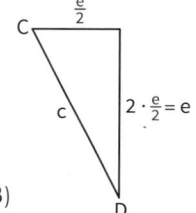

18 Winkel

a) $\beta = 180° - 40° = 140°$ (Nebenwinkel von α) $\qquad \delta = 140°$ (Stufenwinkel zu β)

$\gamma = 40°$ (Scheitelwinkel zu α) $\qquad \varepsilon = 140°$ (Wechselwinkel zu β)

b) $\alpha = 105°$, also $\beta = 75°$, $\gamma = 105°$, $\delta = \varepsilon = \beta = 75°$

Daten und Zufall (Eingangstest)

19 Tablet

a) Median: 269 €, Spannweite: 68 €, arithmetisches Mittel: 275,20 €

b) Beim sechsten Angebot kostet das Tablet 208 €.

20 Nutzflächen in Deutschland

a) $1\text{ mm} \mathrel{\hat=} 4\,000\text{ km}^2$

b) / c)

	(1) Flächen-inhalt (in km²)	(2) Relative Häufigkeit (in %)	(3) Winkel im Kreis-diagramm	(3) mm im Streifen-diagramm
Landwirtschaft	181 000	50,6	182°	51 mm
Wald	107 000	30,0	108°	30 mm
Siedlung und Verkehr	51 500	14,4	52°	14 mm
sonstige Fläche	18 000	5,0	18°	5 mm
Gesamtfläche	357 500	100,0	360°	100 mm

21 Farbige Kugeln

a) $P(\text{blau}) = 20\%$

b) $P(\text{nicht rot}) = 70\%$

22 Würfel

a) $P(4) = \dfrac{1}{3}$

b) $P(\text{größer als }3) = \dfrac{5}{6}$

c) Das war vermutlich der Würfel (1).

Übungsaufgaben Teil A Basisaufgaben

Arithmetik/Algebra (Übungsaufgaben)

S.16

1 a) $0,02 \cdot 7,6 = 0,152$ b) $0,45 \cdot 10,5 = 4,725$

c) $\frac{2}{5} + \frac{3}{10} = \frac{4}{10} + \frac{3}{10} = \frac{7}{10}$ d) $\frac{1}{3} + \frac{2}{5} = \frac{5}{15} + \frac{6}{15} = \frac{11}{15}$

e) $\frac{1}{3} \cdot \frac{2}{5} = \frac{2}{15}$ f) $\frac{1}{3} : \frac{2}{5} = \frac{1}{3} \cdot \frac{5}{2} = \frac{5}{6}$

2 (1) $(11 - 8) : 5 = 0,6$ (2) $\frac{1}{5} \cdot (-2)^3 = \frac{1}{5} \cdot (-8) = -1,6$ (3) $(2,9 - 5,7) : 2 = -1,4$

(4) $2,5 + (-3) \cdot 1,5 = 2,5 - 4,5 = -2$ (5) $4,8 \cdot x = -1,2 \quad x = -\frac{1}{4}$

(6)

3 Es ist besser, die Zahlen zum Vergleich dezimal zu schreiben.

a) $0,4$ | $\frac{3}{6} = 0,5$ | $0,38$ | $\frac{1}{4} = 0,25$ | $\frac{3}{8} = 0,375$ | $0,44$

$\frac{1}{4} < \frac{3}{8} < 0,38 < 0,4 < 0,44 < \frac{3}{6}$

b) $-1\frac{1}{2} = -1,5$ | $-\frac{7}{5} = -1,4$ | $-\frac{3}{4} = -0,75$ | $-0,8$ | $-\frac{11}{8} = -1,375$ | $-1,3$

Bei negativen Zahlen (z. B. -7; -3) hat die größere Zahl (-3) den kleineren Betrag $|-3| < |-7|$.

$-1\frac{1}{2} < -\frac{7}{5} < -\frac{11}{8} < -1,3 < -0,8 < -\frac{3}{4}$

c) $0,7$ | $-\frac{3}{4} = -0,75$ | $-1,33$ | $\frac{4}{5} = 0,8$ | $-\frac{4}{3} = -1,\overline{3}$ | $\frac{17}{20} = 0,85$

$-\frac{4}{3} < -1,33 < -\frac{3}{4} < 0,7 < \frac{4}{5} < \frac{17}{20}$

d) $2,8$ | $-0,41$ | $-\frac{2}{5} = -0,4$ | $\frac{29}{10} = 2,9$ | $-\frac{9}{2} = -4,5$ | $2,805$

$-\frac{9}{2} < -0,41 < -\frac{2}{5} < 2,8 < 2,805 < \frac{29}{10}$

S.17

1 a) $0,4 \cdot 650 \, € = 260 \, €$, also ⊠ $260 \, €$ b) $0,23 \cdot 40 \, m = 9,20 \, m$, also ⊠ $9,20 \, €$

2 Gegeben: $p\% = 40\% = 0,40$; $W = 280 \, m$ Gesucht: G

Formel: $G = \frac{W}{p\%}$ $G = \frac{280 \, m}{0,40} = \frac{2\,800}{4} = 700 \, m$ Die gesamte Strecke ist 700 m lang.

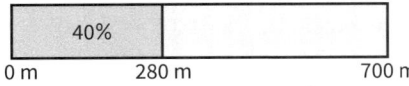

3 a) $p\% = \frac{3 \, kg}{60 \, kg} = 0,05 = 5\%$ b) $p\% = \frac{12 \, cm}{120 \, cm} = 0,1 = 10\%$

4 a) $Z = 3\,200 \, € \cdot 0,005 = 16 \, €$ b) $Z = 500 \, € \cdot 0,015 = 7,50 \, €$ (pro Jahr)
Zinsen für 6 Monate: $3,75 \, €$

5 a) $0,04 \cdot 550 \, € = 22 \, €$ b) $550 \, € + 22 \, € = 572 \, €$

6 a) Restlicher Kaufpreis: $32\,000 \, € - 4\,000 \, € = 28\,000 \, €$
$0,08 \cdot 28\,000 \, € = 2\,240 \, €$
Der Rabatt beträgt $2\,240 \, €$.

b) Ersparnis $4\,000 \, € + 2\,240 \, € = 6\,240 \, €$

$\frac{6\,240 \, €}{32\,000 \, €} = 0,195 = 19,5\%$

Familie Özdemir spart 19,5 % vom Kaufpreis.

1 Es sind immer mehrere Lösungsverfahren möglich. Abgebildet wird jeweils eine Lösung.

a) Lösung mit dem Gleichsetzungsverfahren

$$I. \quad x + 9y = -41$$
$$II. \quad x - 4y = 24$$

$$Ia. \quad x = -41 - 9y$$
$$IIa. \quad x = 24 + 4y$$

$$Ia. = IIa. \quad 24 + 4y = -41 - 9y \quad | + 9y - 24$$
$$13y = -65 \quad | : 13$$
$$y = -5$$

---

y eingesetzt in IIa. $\quad x = 24 + 4 \cdot (-5)$
$$x = 24 - 20$$
$$x = 4$$

Lösung: $x = 4$ und $y = -5$

b) Lösung mit dem Einsetzungsverfahren

$$I. \quad x + 5y = 17$$
$$II. \quad 2x - 4y = 20$$

$$Ia. \quad x = 17 - 5y$$

Ia. in II. eingesetzt:
$$2 \cdot (17 - 5y) - 4y = 20$$
$$34 - 10y - 4y = 20 \quad | - 34$$
$$-14y = -14 \quad | : (-14)$$
$$y = 1$$

---

y eingesetzt in Ia. $\quad x = 17 - 5 \cdot 1$
$$x = 12$$

Lösung: $x = 12$ und $y = 1$

c) Lösung mit dem Additionsverfahren

$$I. \quad 2x - 3y = 8 \quad | \cdot 2$$
$$II. \quad 5x + 6y = 20$$

$$Ia. \quad 4x - 6y = 16$$
$$II. \quad 5x + 6y = 20$$

$$Ia. + II.: \quad 9x = 36 \quad | : 9$$
$$x = 4$$

---

x eingesetzt in I.: $\quad 2 \cdot 4 - 3y = 8 \quad | - 8$
$$-3y = 0 \quad | : (-3)$$
$$y = 0$$

Lösung: $x = 4$ und $y = 0$

d) Lösung mit dem Subtraktionsverfahren

$$I. \quad 3x + 4y = 1 \quad | \cdot 2$$
$$II. \quad 6x + 8y = 0$$

$$Ia. \quad 6x + 8y = 2$$
$$II. \quad 6x + 8y = 0$$

$$Ia. - II. \quad 0 = 2$$

Dies ist jedoch für alle Wertepaare x und y falsch. Deshalb gibt es keine Lösungen.

2 x: Anzahl der kleinen Scheine (5-€-Scheine); y: Anzahl der größeren Scheine (10-€-Scheine)

$$I. \quad 5x + 10y = 50$$
$$II. \quad x = 3y$$

---

x eingesetzt in I.: $\quad 5 \cdot 3y + 10y = 50$
$$25y = 50 \quad | : 25$$
$$y = 2$$

y eingesetzt in II.: $\quad x = 3 \cdot 2$
$$x = 6$$

Es sind zwei 10 €-Scheine und sechs 5-€-Scheine.

3 Lösung mit Gleichungen:
x = Preis der Flasche (in €); y = Preis des Korkens (in €)

$$I. \quad x + y = 1,1$$
$$II. \quad x = y + 1$$

II. eingesetzt in I.: $\quad (y + 1) + y = 1,1$
$$2y + 1 = 1,1 \quad | - 1$$
$$2y = 0,1 \quad | : 2$$
$$y = 0,05$$

y eingesetzt in II.: $\quad x = 0,05 + 1 = 1,05$

Die Flasche kostet 1,05 € und der Korken 0,05 € (5 Cent).

4 a)
$$I. \quad a + b = 43$$
$$II. \quad a - b = 9$$

$$I. + II. \quad 2a = 52 \quad | : 2$$
$$a = 26$$

---

a eingesetzt in I.: $\quad 26 + b = 43 \quad | - 26$
$$b = 17$$

Lösung: $a = 26$ und $b = 17$

S. 18

b) I. $a + 12 = 3b$ $| - 12$
II. $4b - 6a = 2$

Ia. $a = 3b - 12$

a eingesetzt in II.:

$$4b - 6(3b - 12) = 2$$
$$4b - 18b + 72 = 2$$
$$-14b + 72 = 2 \quad | - 72$$
$$-14b = -70 \quad | : (-14)$$
$$b = 5$$

b eingesetzt in I.: $a = 15 - 12$
                              $a = 3$

Lösung: $a = 3$ und $b = 5$

S. 19

1 Eine Schülerin ist ungefähr 5 Zeitstunden pro Tag, 5 Tage in der Woche, 40 Wochen im Jahr und 10 Jahre in der Schule.
$5\,h \cdot 5 \cdot 40 \cdot 10 = 10\,000\,h$; $10\,000\,h = 10\,000 \cdot 60 \cdot 60\,s = 36\,000\,000\,s$
☒ 36 000 000 s muss angekreuzt werden.

2 Zunächst hilft es, alle Angaben in cm^2 umzurechnen:
$957,6\,cm^2$; $95\,760\,mm^2 = 957,6\,cm^2$; $95,76\,dm^2 = 9576\,cm^2$; $9576\,mm^2 = 95,76\,cm^2$
Wenn der Schein eine Höhe von 10 cm hätte, müsste er bei den ersten beiden Angaben über 95 cm lang sein, bei der dritten Angabe sogar über 950 cm. Damit kann nur die letzte Angabe in Frage kommen.
Zur Kontrolle: Ein 20-€-Schein ist 133 mm lang und 72 mm breit.
Flächeninhalt: $A = 133\,mm \cdot 72\,mm = 9576\,mm^2$
☒ 9 576 mm² muss angekreuzt werden.

3 a) Es ist hilfreich, die gegebenen Größen in m^2 umzurechnen.
$72\,m^2$, $720\,dm^2 = 7,2\,m^2$, $720\,000\,mm^2 = 0,72\,m^2$, $7200\,dm^2 = 72\,m^2$
Weniger als $1\,m^2$ kann nicht zutreffend sein. $72\,m^2$ ist zu groß.
☒ 720 dm² muss angekreuzt werden.

b) Um die Mengen besser vergleichen zu können, rechnet man alle Angaben in die Einheit m^3 um:
$37\,hl = 3700\,l = 3,7\,m^3$, $370\,000\,ml = 0,37\,m^3$, $0,037\,m^3$, $37\,000\,l = 37\,m^3$ ($1\,m^3 = 1000\,l$)
$3,7\,m^3$ oder gar $37\,m^3$ sind sicherlich zu viel; $0,037\,m^3$ sind gerade einmal $37\,l$ und sicherlich zu wenig.
☒ 370 000 ml muss angekreuzt werden.

4 a) $35\,cm = 350\,mm$ b) $2,5\,m^2 = 250\,dm^2$ c) $85\,min = 5100\,s$

5 a) $56\,000\,mm = 5600\,cm$ b) $5050\,m^2 = 50,5\,a$ c) $150\,min = 2,5\,h$

6 a) $500\,g = 0,5\,kg$ b) $1,8\,t = 1800\,kg$ c) $25\,ha = 250\,000\,m^2$ d) $4600\,cm^2 = 0,46\,m^2$
e) $4500\,l = 4,5\,m^3$ f) $180\,s = 3\,min$ g) $1,2\,h = 72\,min$

S. 20

1 ☐ 1 000 € – 19 € ist falsch, weil 19 % ein Anteil vom Grundwert ist und kein Geldbetrag.
☐ 1 000 € – 190 € ist falsch, weil hier 19 % von 1 000 € = 190 € berechnet wurden. Damit wird von einem falschen Grundwert ausgegangen. Der richtige Grundwert ist der Preis **vor** dem Aufschlag der Mehrwertsteuer. Diesen nennt man auch Nettopreis.
☐ 1 000 € : 0,19 ist falsch.
Um den Bruttopreis zu erhalten, wird die Mehrwertsteuer zum Nettopreis addiert. Hier gilt:
Nettopreis + Mehrwertsteuer = Nettopreis + (Nettopreis · 0,19) = Nettopreis · (1 + 0,19) = Nettopreis · 1,19 = 1 000 €
Der richtige Ansatz zur Berechnung des Nettopreises (vor dem Aufschlag durch die Mehrwertsteuer) ist also:
☒ 1 000 € : 1,19

2 a) Formel für Zelle D2: =B2*C2   c) Formel für Zelle E3: =B3/(A3–A2)*100

a), b)

	A	B	C	D	E
1	Kilometer	Liter	Preis pro Liter	Gesamtpreis	Verbrauch in Liter auf 100 km
2	35000	35,7	2,01 €	71,7€ €	----
3	35867	49,4	1,96 €	96,82 €	5,7
4	36422	29,4	1,92 €	56,45 €	5,3
5	37225	52,5	2,04 €	107,10 €	6,5

S.20

3 Formeln: C3: =A3*B3   C7: =Summe(C3:C5)   C8: =C7*0,19

S.21

1 a) $3x - 7 = 35$ $|+7$
    $3x = 42$ $|:3$
    $x = 14$

b) $9 - 4x = 13$ $|-9$
    $-4x = 4$ $|:(-4)$
    $x = -1$

c) $8 - (2x + 6) = 5x + 16$
    $8 - 2x - 6 = 5x + 16$
    $2 - 2x = 5x + 16$ $|-2$
    $-2x = 5x + 14$ $|-5x$
    $-7x = 14$ $|:(-7)$
    $x = -2$

d) $7(2 - 5)x = (9 - x) \cdot 5 - 1$
    $14 - 35x = 45 - 5x - 1$
    $14 - 35x = 44 - 5x$ $|-14$
    $-35x = 30 - 5x$ $|+5x$
    $-30x = 30$ $|:(-30)$
    $x = -1$

2 Preis für einen Stift: x €
$3 \cdot 1,25 \,€ + 8,85 \,€ + 8x = 16,04 \,€$
    $12,60 \,€ + 8x = 16,04 \,€$ $|-12,60 \,€$
    $8x = 3,44 \,€$ $|:8$
    $x = 0,43 \,€$
Ein Stift kostet 0,43 €.

3 a) $9x - 7 = 47$ $|+7$
    $9x = 54$ $|:9$
    $x = 6$

b) $\frac{x}{3} + 17 = 30$ $|-17$
    $\frac{x}{3} = 13$ $|\cdot 3$
    $x = 39$

c) $8x - 9 = 6x + 3$ $|+9$
    $8x = 6x + 12$ $|-6x$
    $2x = 12$ $|:2$
    $x = 6$

4 (1) Preis der Kinokarte für eine Person: x
    Preis für Popcorn: 17 €
    Gleichung: $5x + 17 = 57$.   Passt.
(2) Preis für 1 Flasche Wein: x; Preis für 1 Flasche Sekt: y
    Gleichung: $5x + 17y = 57$.   Passt nicht.
(3) Hierzu lässt sich keine sinnvolle Gleichung aufstellen.
(4) Ladung des kleinen Lkw: x; Ladung des großen Lkw: 17
    Gleichung: $5x + 17 = 57$.   Passt.
(5) Länge des Rechtecks: x; Breite des Rechtecks: 5
    Gleichung: $5x + 17 = 57$ Passt.

Funktionen (Übungsaufgaben)

S.22

1 Zuordnung (A) ist proportional, weil zum Doppelten der Ausgangsgröße das Doppelte der zugeordneten Größe gehört bzw. weil der Quotient Preis/Anzahl immer 0,5 ist.
Zuordnung (B) ist nicht proportional, weil z. B. der Summe der beiden Ausgangsgrößen 2 und 3 nicht die Summe der jeweils zugeordneten Größen (1 200 m + 1 800 m = 3 000 m) zugeordnet wird.

2 a) Bei proportionalen Zuordnungen ist der **Quotient** aus Ausgangs- und Eingangsgröße stets gleich. Beim ersten Zahlenpaar beträgt dieser Quotient 4,5 : 1,5 = 3.
    Also:

x	1,5	3
y	4,5	**9**

    $3 \cdot 3$

b) Bei antiproportionalen Zuordnungen ist das **Produkt** aus Ausgangs- und Eingangsgröße stets gleich. Beim ersten Zahlenpaar beträgt dieses Produkt 20 · 6 = 120.
    Also:

x	6	2
y	20	**60**

    $120 : 2$

oder: Weil zu einem Drittel der Ausgangsgröße das Dreifache der zugeordneten Größe gehört.

S.22

3 Es handelt sich um eine antiproportionale Zuordnung.
Wir lösen die Aufgabe mit dem Dreisatz:

Anzahl	Länge (in cm)
20	12
1	240
15	16

: 20 ⟳ · 20
· 15 ⟳ : 15

Du erhältst 15 Stücke,
die jeweils 16 cm lang sind.

4 Es handelt sich um eine proportionale Zuordnung.
Wir lösen die Aufgabe mit dem Dreisatz:

Weg (in km)	Zeit (in min)
16	40
2	5
10	25
48	120

: 8 : 8
· 3 · 5 · 5 · 3

Das Schiff legt bei gleichbleibender
Durchschnittsgeschwindigkeit in 5 Minuten 2 km zurück, in 25 Minuten 10 km und
in 120 Minuten 48 km.

5 1) 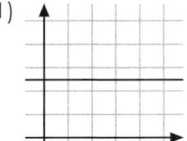   2) 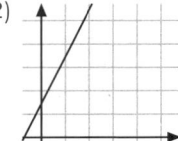   3) 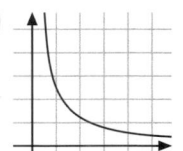   4)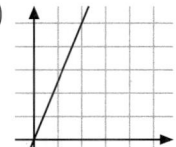

1: Die Kochzeit ist bei haushaltsüblichen Mengen unabhängig von der Anzahl der Eier; also handelt
es sich um eine konstante Funktion.

2: Durch die 3 € Grundgebühr schneidet der Graph die y-Achse bei 3 und hat eine konstante Steigung; also handelt es sich um eine lineare, aber nicht proportionale Funktion.

3: Verdoppelt sich die durchschnittliche Geschwindigkeit, so halbiert sich die Fahrdauer und es gilt:
durchschnittliche Geschwindigkeit (in $\frac{km}{h}$) · Fahrdauer (in h) = 10. Also handelt es sich um eine
antiproportionale Funktion.

4: Da man für 0 kg Kartoffeln nichts bezahlen muss, geht der Graph der Funktion durch den
Ursprung und wächst – wenn keine Mengenrabatt auf die Kartoffeln gegeben werden – dann
mit konstanter Steigung; also handelt es sich um eine proportionale Funktion.

S.23

1 a)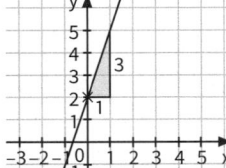

Der y-Achsenabschnitt ist 2,
die Steigung ist + 3.
Die zugehörige Funktionsgleichung
lautet also: y = 3x + 2

b)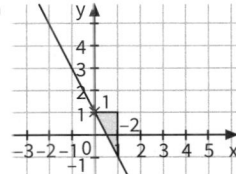

Der y-Achsenabschnitt ist 1,
die Steigung ist – 2.
Die zugehörige Funktionsgleichung
lautet also: y = – 2x + 1

c)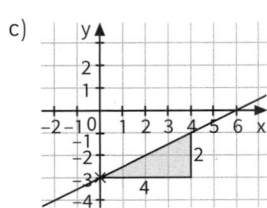

Der y-Achsenabschnitt ist – 3,
die Steigung ist + $\frac{1}{2}$.
Die zugehörige Funktionsgleichung
lautet also: y = $\frac{1}{2}$x – 3

d)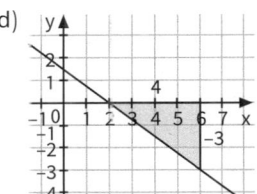

Der y-Achsenabschnitt ist 1,5. Die
Steigung ist – $\frac{3}{4}$. Die zugehörige Funktionsgleichung lautet also:
y = – $\frac{3}{4}$x + 1,5

S.23

2

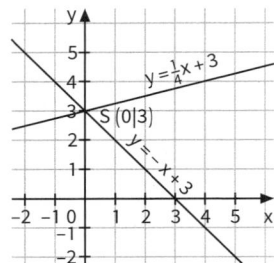

Die Koordinaten des Schnittpunkts S lauten: S(0|3)

3 *Zeichnerische Lösung:*
Wenn man die beiden Punkte A(−2|5) und B(3|2,5) ins Koordinatensystem einzeichnet, kann man die Funktionsgleichung mithilfe des y-Achsenabschnitts und der Steigung bestimmen.
Aus der Darstellung im Koordinatensystem ist abzulesen:
Der y-Achsenabschnitt ist 4. Die Steigung ist $-\frac{1}{2}$.
Die zugehörige Funktionsgleichung lautet also:
$y = -\frac{1}{2}x + 4$

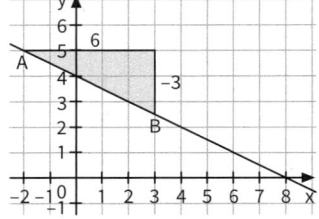

Rechnerische Lösung:
Die Steigung m kann man berechnen, indem man den Unterschied der y-Werte geteilt durch den Unterschied der x-Werte der beiden Punkte A(−2|5) und B(3|2,5) bestimmt.
$m = \frac{5 - 2{,}5}{-2 - 3} = \frac{2{,}5}{-5} = -\frac{1}{2}$
Die Funktionsgleichung lautet also: $y = -\frac{1}{2}x + n$.

Den y-Achsenabschnitt n kann man bestimmen, indem man die Koordinaten eines der beiden Punkte A oder B in die halbfertige Funktionsgleichung $y = -\frac{1}{2}x + n$ einsetzt und dann die Gleichung nach n auflöst.
Für den Punkt A(−2|5) sieht das so aus:
$5 = -\frac{1}{2} \cdot (-2) + n$ | Zusammenfassen
$5 = 1 + n$ | − 1
$4 = n$
Die zugehörige Funktionsgleichung lautet also: $y = -\frac{1}{2}x + 4$.

4 a) Die Parabel g ist eine um 1 nach oben verschobene Normalparabel. Zu ihr gehört die Funktionsgleichung (1):
$y = x^2 + 1$.
Die Parabel f ist enger als die Normalparabel und um 1 nach oben verschoben. Zu ihr gehört die Funktionsgleichung (3):
$y = 2x^2 + 1$.
Die Parabel h ist nach oben geöffnet und breiter als die Normalparabel, also muss gelten $0 < |a| < 1$. Sie schneidet die y-Achse bei $y = -4$. Dazu passt nur die Funktionsgleichung (4):
$y = 0{,}5x^2 - 2x - 4$.
Die Parabel k ist nach unten geöffnet und schneidet die y-Achse bei $y = -1$. Dazu passt nur die Funktionsgleichung (2):
$y = -x^2 + 2x - 1$.

b) Die Scheitelpunkte der Parabeln mit den Gleichungen (1) bis (4) kann man aus dem Koordinatensystem ablesen.
$S_1(0|1)$ $S_2(1|0)$ $S_3(0|1)$ $S_4(2|-6)$

S.23

5 a) Wertetabelle zu (1): $y = x^2 - 3$

x	−3	−2	−1	0	1	2	3
y	6	1	−2	−3	−2	1	6

Wertetabelle zu (2): $y = -x^2 + 2x - 6$

x	−3	−2	−1	0	1	2	3
y	−21	−14	−9	−6	−5	−6	−9

b) Mithilfe der Wertetabellen aus a) kannst du die Parabeln im Koordinatensystem skizzieren und anschließend die Scheitelpunkte ablesen.

$S_1(0\,|\,{-3})$
$S_2(1\,|\,{-5})$

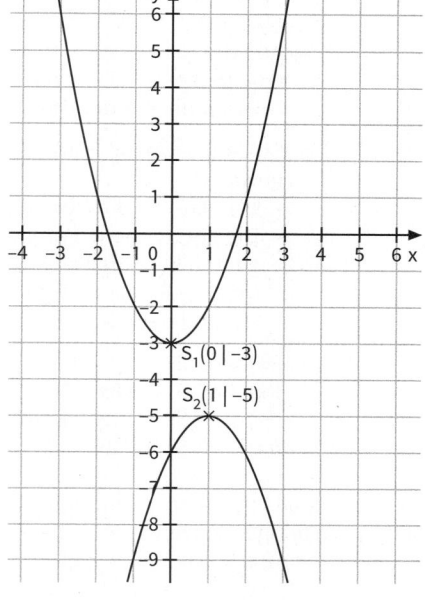

S.24

1 a) Um die gesuchte Scheitelpunktform aufzustellen, notiert man erstmal alle gegebenen Werte.
Aus $S(2\,|\,{-3})$ folgt: $d = 2$ und $e = -3$. Zudem ist der Faktor a gegeben: $a = 0,5$
Diese Werte setzt man in die Scheitelpunktform ein:
$f(x) = 0,5(x - 2)^2 - 3$
Die allgemeine Form der quadratischen Funktion erhält man dann, indem man die Gleichung umformt:

$f(x) = 0,5(x - 2)^2 - 3$ | bin. Formel anwenden
$f(x) = 0,5(x^2 - 4x + 4) - 3$ | Ausmultiplizieren
$f(x) = 0,5x^2 - 2x + 2 - 3$ | Zusammenfassen
$f(x) = 0,5x^2 - 2x - 1$

2 a) $y = x^2 + 4x + 1$ | quadratische Ergänzung
$y = x^2 + 4x + 2^2 - 2^2 + 1$ | erste bin. Formel
$y = (x + 2)^2 - 2^2 + 1$ | Zusammenfassen
$y = (x + 2)^2 - 3$
Scheitelpunkt: $S(-2\,|\,{-3})$

b) $y = 2x^2 - 20x + 2$ | Ausklammern
$y = 2(x^2 - 10x + 1)$ | quadratische Ergänzung
$y = 2(x^2 - 10x + 5^2 - 5^2 + 1)$ | zweite bin. Formel
$y = 2((x - 5)^2 - 5^2 + 1)$ | Zusammenfassen
$y = 2((x - 5)^2 - 24)$ | teilweise Ausmultiplizieren
$y = 2(x - 5)^2 - 48$
Scheitelpunkt: $S(5\,|\,{-48})$

c) $y = -0,5x^2 + 8x + 4$ | Ausklammern
$y = -0,5(x^2 - 16x - 8)$ | quadratische Ergänzung
$y = -0,5(x^2 - 16x + 8^2 - 8^2 - 8)$ | zweite bin. Formel
$y = -0,5((x - 8)^2 - 8^2 - 8)$ | Zusammenfassen
$y = -0,5((x - 8)^2 - 72)$ | teilweise Ausmultiplizieren
$y = -0,5(x - 8)^2 + 36$
Scheitelpunkt: $S(8\,|\,36)$

d) $y = -4x^2 - 12x + 2$ | Ausklammern
    $y = -4(x^2 + 3x - 0,5)$ | quadratische Ergänzung
    $y = -4(x^2 + 3x + 1,5^2 - 1,5^2 - 0,5)$ | erste bin. Formel
    $y = -4((x + 1,5)^2 - 1,5^2 - 0,5)$ | Zusammenfassen
    $y = -4((x + 1,5)^2 - 2,75)$ | teilweise Ausmultiplizieren
    $y = -4(x + 1,5)^2 + 11$
    Scheitelpunkt: $S(-1,5 | 11)$

3 a) Aus der Scheitelpunktform $f(x) = a(x - d)^2 + e$ kann man die Koordinaten des Scheitelpunkts der zugehörigen Parabel direkt ablesen: $S(d | e)$
Die Parabel mit der Gleichung $f(x) = -1,5(x + 4)^2 + 8$ hat also den Scheitelpunkt $S(-4 | 8)$.

b) So kann man die Parabel mit der Gleichung $f(x) = -1,5(x + 4)^2 + 8$ aus der Normalparabel gewinnen:
  • Man streckt die Normalparabel mit dem Faktor $a = -1,5$.
  • Die entstandene Parabel ist eine nach unten geöffnete, gegenüber der Normalparabel gestreckte (engere) Parabel.
  • Da $d = -4$ und $e = 8$ gilt, muss man nun noch den Scheitelpunkt der Parabel um 4 Einheiten entlang der x-Achse nach links und um 8 Einheiten parallel zur y-Achse nach oben verschieben.

c) $f(x) = -1,5(x + 4)^2 + 8$ | erste bin. Formel anwenden
    $f(x) = -1,5(x^2 + 8x + 16) + 8$ | Ausmultiplizieren
    $f(x) = -1,5x^2 - 12x - 24 + 8$ | Zusammenfassen
    $f(x) = -1,5x^2 - 12x - 16$

4 Falls Lukas recht hat, müssten sich alle drei Gleichungen durch Umformungen auf dieselbe Form bringen lassen.
(1) $f(x) = (x - 1,5)^2 - 20,25$ | zweite bin. Formel anwenden
    $f(x) = x^2 - 3x + 2,25 - 20,25$ | Zusammenfassen
    $f(x) = x^2 - 3x - 18$
    Damit gilt also: $f(x) = g(x)$

(3) $h(x) = (x + 3) \cdot (x - 6)$ | Ausmultiplizieren
    $h(x) = x^2 - 6x + 3x - 18$ | Zusammenfassen
    $h(x) = x^2 - 3x - 18$
    Damit gilt also: $h(x) = g(x)$

Insgesamt folgt dann: $f(x) = g(x) = h(x)$. Lukas hat also recht.

5 a) $y = (x - 2)^2 - 1$ $S(2 | -1)$ b) $y = (x + 4)^2 - 16$ $S(-4 | -16)$
    $(x - 2)^2 - 1 = 0$ $(x + 4)^2 - 16 = 0$
       $(x - 2)^2 = 1$ $(x + 4)^2 = 16$
    $x - 2 = 1$ oder $x - 2 = -1$ $x + 4 = 4$ oder $x + 4 = -4$
    $x_1 = 3$ $x_2 = 1$ $x_1 = 0$ $x_2 = -8$

c) $y = 0,5(x + 4)^2 - 8$ $S(-4 | -8)$ d) $y = -2,5(x + 1)^2 + 10$ $S(-1 | 10)$
    $0,5(x + 4)^2 - 8 = 0$ $| + 8$ $-2,5(x + 1)^2 + 10 = 0$ $| - 10$
      $0,5(x + 4)^2 = 8$ $| \cdot 2$ $-2,5(x + 1)^2 = -10$ $| : (-2,5)$
         $(x + 4)^2 = 16$ $(x + 1)^2 = 4$
    $x + 4 = 4$ oder $x + 4 = -4$ $x + 1 = \sqrt{4}$ oder $x + 1 = -\sqrt{4}$
    $x_1 = 0$ $x_2 = -8$ $x_1 = 1$ $x_2 = -3$

1 Bei der Sachsituation (A) wird für die Endreinigung 30 € verlangt, dazu passt der Graph g, der den y-Achsenabschnitt von 30 hat.
Bei der Sachsituation (B) handelt es sich um eine proportionale Zuordnung, da der doppelten Anzahl von Reisenden der doppelte Preis zugeordnet wird. Hierzu passt der Graph h, der im Ursprung beginnt.

S. 25

2 a) Der Graph schneidet die y-Achse an der Stelle 100. Am Anfang sind 100 kg Futter vorhanden.

b) Der Graph schneidet die x-Achse an der Stelle 20. Nach 20 Tagen ist das Futter aufgebraucht.

c) Bei der Funktionsgleichung $y = mx + n$ steht n für den y-Achsenabschnitt und m für die Steigung. Aus a) ist bekannt: $n = 100$ Aus b) kann man folgern: $m = -5$ Die Funktionsgleichung lautet also: $y = -5x + 100$

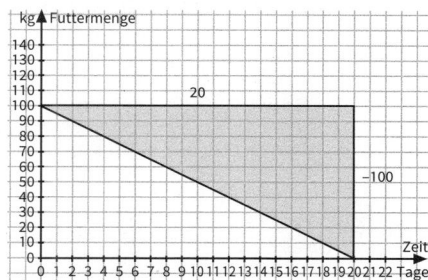

3 *1. Schritt:*
Um die Graphen der beiden linearen Funktionen in ein Koordinatensystem einzuzeichnen, kann man aus den Funktionsgleichungen den y-Achsenabschnitt und die Steigung ablesen:
Bei $y = -3x + 4$ ist der y-Achsenabschnitt 4 und die Steigung -3.
Bei $y = 4x - 3$ ist der y-Achsenabschnitt -3 und die Steigung 4.

2. Schritt:
Dann stellt man die Steigungen als Bruch dar.

Bei $y = -3x + 4$: $m = -3 = \frac{-3}{1}$
Bei $y = 4x - 3$: $m = 4 = \frac{4}{1}$

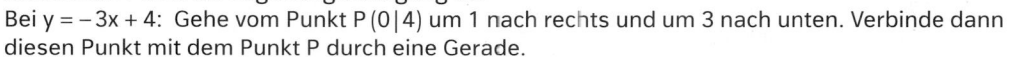

3. Schritt:
Markiere jeweils den y-Achsenabschnitt und trage von dem markierten Punkt die zugehörige Steigung ab.
Bei $y = -3x + 4$: Gehe vom Punkt $P(0|4)$ um 1 nach rechts und um 3 nach unten. Verbinde dann diesen Punkt mit dem Punkt P durch eine Gerade.
Bei $y = 4x - 3$: Gehe vom Punkt $Q(0|-3)$ um 1 nach rechts und um 4 nach oben. Verbinde dann diesen Punkt mit dem Punkt Q durch eine Gerade.
Den Schnittpunkt der beiden Graphen kannst du aus dem Koordinatensystem ablesen: $S(1|1)$

S. 26

1 $G = 12\,000$ $q = 1 - 2\% = 1 - \frac{2}{100} = 0{,}98$ $n = 8$

Mit dem Term $12\,000 \cdot 0{,}98^8$ wird berechnet, wie viele Einwohner nach 8 Jahren noch in der Kleinstadt leben, wenn in dieser Zeit pro Jahr etwa 2 % in die Großstadt ziehen.

2 a) Beim exponentiellen Wachstum vervielfacht sich eine Größe in gleichen Zeitspannen immer um den gleichen Faktor. Bei den gegebenen Größen gilt $2 \cdot 1{,}5 = 3$. Der Wachstumsfaktor ist also 1,5.

b)

x	0	1	2	3
y	2	3	4,5	6,75

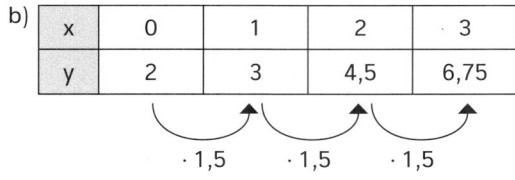

· 1,5   · 1,5   · 1,5

3

Stunde	0	1	2	3	4
Anzahl	20 000	20 800	21 632	22 497	23 397

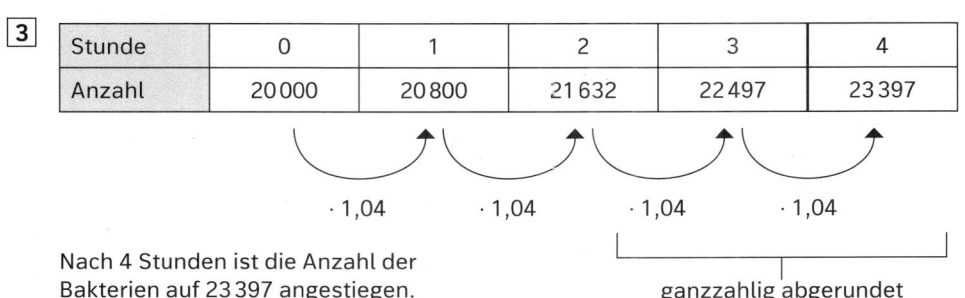

· 1,04   · 1,04   · 1,04   · 1,04

ganzzahlig abgerundet

Nach 4 Stunden ist die Anzahl der Bakterien auf 23 397 angestiegen.

4 Guthaben am 18. Geburtstag: $G_{18} = G \cdot q^{18} = 2\,000\,€ \cdot 1{,}025^{18} \approx 3\,119{,}32\,€$

Geometrie (Übungsaufgaben)

1 Da jede Seite doppelt vorkommt, muss gelten: $a + b = 9$ cm.

Breite	1 cm	2 cm	3 cm	4 cm
Länge	8 cm	7 cm	6 cm	5 cm

2 $a = 7$ cm; $b = 10$ cm (7 cm + 3 cm)
$A = 7$ cm $\cdot$ 10 cm $= 70$ cm² $\qquad$ $u = 2 \cdot 7$ cm $+ 2 \cdot 10$ cm $= 34$ cm

3 a) $A = 32$ m $\cdot$ 24 m $= 768$ m²
b) Der Grundstückspreis P berechnet sich so: $\quad P = 768$ m² $\cdot 75 \frac{€}{m^2}$
$\qquad\qquad\qquad\qquad\qquad\qquad\qquad\qquad\qquad\quad P = 57\,600$ €

4 a) In der Vorstellung geht man einmal um den Bolzplatz und addiert dabei die Längen aller Seiten.
Das ist der Umfang des Rechtecks: $u = 2 \cdot 25$ m $+ 2 \cdot 45$ m $= 140$ m
Davon werden noch $3 \cdot 1$ m $= 3$ m wegen der drei Türen abgezogen. Es werden also 137 m Zaun gebraucht.

b) Gesucht ist der Flächeninhalt des rechteckigen Bolzplatzes A_B.
$A_B = 25$ m $\cdot$ 45 m $= 1\,125$ m²
Es werden 1 125 m² Bodenbelag gebraucht.

c) Man kann den Flächeninhalt A_F des alten Fußballplatzes berechnen (das große Rechteck in der Zeichnung) und davon den Flächeninhalt A_B des Bolzplatzes (rotes kleines Rechteck) abziehen.
$A_F = 45$ m $\cdot$ 70 m $= 3\,150$ m²
$A_F - A_B = 3\,150$ m² $- 1\,125$ m² $= 2\,025$ m²
Für 800 m² braucht man 25 kg Rasensamen.

$$\frac{2\,025 \text{ m}^2}{800 \text{ m}^2} \approx 2,5$$

Für den neuen Platz müssen drei Säcke Rasensamen gekauft werden.

S. 28

1

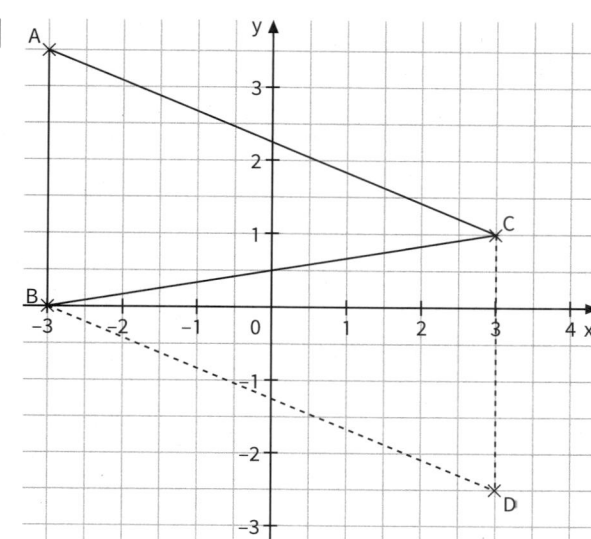

a) Geeignet ist $c = \overline{AB}$ als Grundseite und h_c als zugehörige Höhe.
$c = 3{,}5$ cm, $h_c = 6$ cm
$$A = \frac{3{,}5 \text{ cm} \cdot 6 \text{ cm}}{2} = 10{,}5 \text{ cm}^2$$

b) $D(3|-2{,}5)$
Es gibt weitere Lösungen:
$D(3|4{,}5)$ oder $D(-9|2{,}5)$.

c) Das Parallelogramm ABDC hat den doppelten Flächeninhalt des Dreiecks ABC: $A = 21$ cm².

2

a) Der Spiegelpunkt von C ist im Rahmen der Ablesegenauigkeit $C'(1{,}5|-4)$.

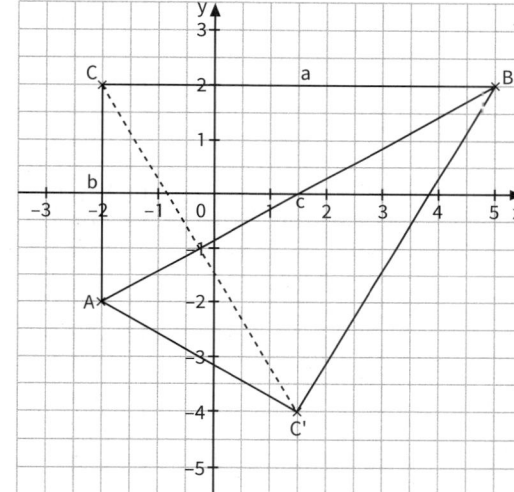

b) Das Viereck AC'BC ist ein Drachenviereck. Sein Umfang ist $u = 2 \cdot (a + b)$.
$u = 2 \cdot (7 \text{ cm} + 4 \text{ cm}) = 2 \cdot 11 \text{ cm} = 22 \text{ cm}$
Die Fläche des Drachenvierecks ist doppelt so groß wie die Fläche des Dreiecks ABC:
$$A = 2 \cdot \left(\frac{7 \text{ cm} \cdot 4 \text{ cm}}{2} \right) = 28 \text{ cm}^2$$

3

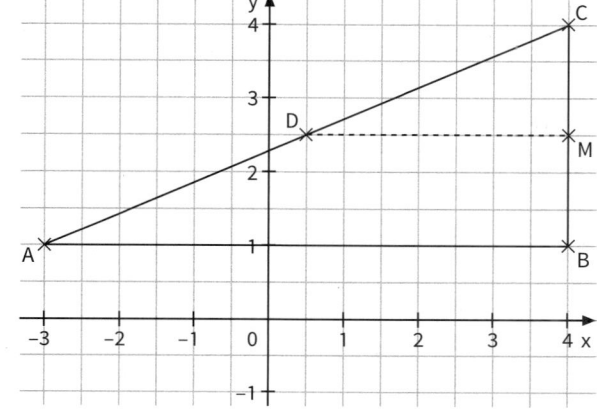

a) $g = 7$ cm; $h = 3$ cm
$$A_\triangle = \frac{7 \text{ cm} \cdot 3 \text{ cm}}{2} = 10{,}5 \text{ cm}^2$$

b) $M(4|2{,}5)$

c) Das Viereck ABMD ist ein Trapez.
$$A_T = \frac{a + c}{2} \cdot h$$
$$A_T = \frac{7 \text{ cm} + 3{,}5 \text{ cm}}{2} \cdot 1{,}5 \text{ cm}$$
$$A_T = 7{,}875 \text{ cm}^2$$

1 Für das Volumen eines Quaders gilt V = a · b · c. Vor dem Einsetzen in die Formel werden alle Längenangaben auf eine gemeinsame Einheit (hier: cm) umgerechnet:
a = 0,7 m = 70 cm, b = 20 cm und c = 30 mm = 3 cm
V = 70 cm · 20 cm · 3 cm = 4 200 cm^3

2 Der Quader ist 8 cm lang, 6 cm breit und 2 cm hoch.
Volumen V = Länge · Breite · Höhe; V = 8 cm · 6 cm · 2 cm = 96 cm^3
Für den Oberflächeninhalt eines Quaders gilt die Formel O = 2 · (ab + ac + bc), wobei a die Länge, b die Breite und c die Höhe ist. Hieraus ergibt sich:
O = 2 · (8 cm · 6 cm + 8 cm · 2 cm + 6 cm · 2 cm) = 2 · (48 cm^2 + 16 cm^2 + 12 cm^2) = 152 cm^2

3 Da 1 l = 1 dm^3 gilt, rechnet man am besten in der Einheit dm.
Die Wasserhöhe beträgt: 6 dm (Aquariumhöhe) – 0,5 dm = 5,5 dm.
V = 8 dm · 4,5 dm · 5,5 dm
V = 198 dm^3 = 198 l
Es befinden sich 198 l Wasser im Aquarium.

4 Das Schwimmbecken ist 8 · 1,50 m, also 12 m breit.
Für das Volumen des Wassers gilt:
25 m · 12 m · h = 750 m^3 (hier ist h die Wassertiefe)
    300 m^2 · h = 750 m^3 |: 300 m^2

$$h = \frac{750 \text{ m}^3}{300 \text{ m}^2}$$

h = 2,5 m
Das Schwimmbecken ist 2,5 m tief.

5 Hier gibt es verschiedene Lösungswege, z. B.:

(1) Man findet die Lösung durch systematisches Probieren:

Breite	Länge	Höhe	Volumen
1 cm	2 cm	3 cm	6 cm^3
2 cm	4 cm	6 cm	48 cm^3

(2) Man kann die Breite x nennen, dann beschreiben die Terme 2x die Länge und 3x die Höhe und es gilt die Gleichung:
x · 2x · 3x = 48
    6x^3 = 48 |: 6
    x^3 = 8 |$\sqrt[3]{}$
    x = 2   Der Quader ist 2 cm breit.

6 a) V = 4 m · 2,5 m · 1,8 m = 18 m^3
Es mussten 18 m^3 Erde ausgehoben werden.

b) m = 18 m^3 · 1 700 $\frac{kg}{m^3}$ = 30 600 kg = 30,6 t   Die Masse des Erdaushubs beträgt 30,6 t.

1 Um die richtigen Ankreuzlösungen zu finden, reicht eine grobe Abschätzung, bei der π durch 3 angenähert wird.

Den Umfang kann man ungefähr abschätzen durch 3 · 6 cm.
u: ⊠ 18,85 cm
u = π · d = π · 6 cm ≈ 18,85 cm
Den Flächeninhalt kann man ungefähr abschätzen durch 3 · 9 cm^2.
A: ⊠ 28,27 cm^2
A = π · r^2 = π · (3 cm)^2 ≈ 28,27 cm^2

2 Für den Umfang eines Kreises gilt die Formel u = 2 · π · r.
Hier: u = 2 · π · 9,15 m ≈ 57,49 m.
Für den Flächeninhalt eines Kreises gilt: A = π · r^2.
Hier: A = π · (9,15 m)^2 ≈ 263,02 m^2

3 a) Ein Reifen hat einen Durchmesser von d = 26 · 2,54 cm = 66,04 cm.
Für den Umfang gilt die Formel:
u = π · d; u = π · 66,04 cm ≈ 207,5 cm = 2,075 m

b) Der Schulweg ist 4 600 m lang, der Umfang des Reifens beträgt u = 2,075 m.
4 600 m : 2,075 m ≈ 2 217
Bis zur Schule dreht sich jeder Reifen ungefähr 2 200-mal.

S. 30

4 a) Für die Zeichnung wird der Umfang benötigt.
$u = 2 \cdot \pi \cdot r$
$u = 2 \cdot \pi \cdot 1 \text{ cm}$
$u = 6,28 \text{ cm} \approx 6,3 \text{ cm}$

b) Der Mantel ist ein Rechteck (siehe Abbildung).
Seine Länge entspricht dem Kreisumfang.
$M = 2 \cdot \pi \cdot r \cdot h$
$M = 2 \cdot \pi \cdot 1 \text{ cm} \cdot 6 \text{ cm}$
$M \approx 37,7 \text{ cm}^2$

$O = 2 \cdot G + M \qquad O = 2 \cdot \pi \cdot r^2 + M$
$O \approx 2 \cdot \pi \cdot (1 \text{ cm})^2 + 37,7 \text{ cm}^2 \qquad O \approx 44,0 \text{ cm}^2$

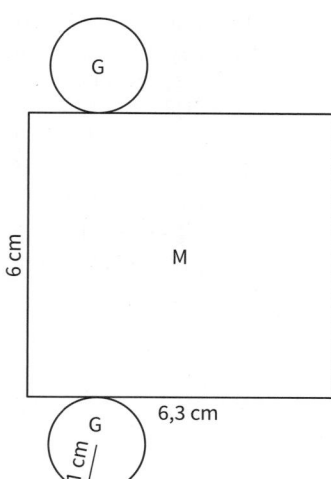

6 cm

M

G

6,3 cm

G

1 cm

5 Der Umfang der kreisförmigen Grundfläche beträgt $1{,}5 \text{ dm} = 15 \text{ cm}$.
$u = \pi \cdot d$

$d = \frac{u}{\pi}$

$d = \frac{15 \text{ cm}}{\pi} \approx 4,78 \text{ cm} \qquad r \approx 2,39 \text{ cm}$

$V = \pi \cdot r^2 \cdot h \quad V = \pi \cdot (2,39 \text{ cm})^2 \cdot 8 \text{ cm} \quad V \approx 143,56 \text{ cm}^3$

6 Die Bodenfläche (Grundfläche) ist ein Kreis mit dem Durchmesser $d = 3,05 \text{ m}$ und dem Radius

$r = \frac{d}{2} = 1,525 \text{ m}$. Für den Flächeninhalt gilt: $\quad G = \pi \cdot r^2$
$\qquad\qquad\qquad\qquad\qquad\qquad\qquad\qquad G = \pi \cdot (1,525 \text{ m})^2 \approx 7,31 \text{ m}^2$

Die Wassertiefe beträgt $70 \text{ cm} = 0,7 \text{ m} \quad (= 76 \text{ cm} - 6 \text{ cm})$.
Volumen $V = G \cdot h$
$V = 7,31 \text{ m}^2 \cdot 0,7 \text{ m} \approx 5,11 \text{ m}^3$
Kosten: $5,11 \cdot 1,68 \text{ €} \approx 8,59 \text{ €}$
Eine Poolfüllung kostet damit ungefähr $8,60 \text{ €}$.

7 a) $1\,000 \text{ ml} = 1\,000 \text{ cm}^3$
Bei dieser Volumenberechnung wird deshalb mit der Einheit „cm" gearbeitet.
$r = 10,4 \text{ cm} : 2 = 5,2 \text{ cm}; h = 12 \text{ cm}$
$V = \pi \cdot r^2 \cdot h$
$V = \pi \cdot (5,2 \text{ cm})^2 \cdot 12 \text{ cm} \quad V \approx 1\,019 \text{ cm}^3$
$1\,000 \text{ ml}$ passen in die Dose.

b) Da der Papierbedarf in „m²" angegeben werden soll, wird mit der Einheit „m" gerechnet.
Die Banderole entspricht dem Mantel der zylinderförmigen Dose.
$M = 2 \cdot \pi \cdot r \cdot h = \pi \cdot d \cdot h$
$M = \pi \cdot 0,104 \text{ m} \cdot 0,12 \text{ m} \approx 0,0392 \text{ m}^2$
$50\,000 \cdot M = 1\,960 \text{ m}^2$
Es werden ungefähr $2\,000 \text{ m}^2$ Papier benötigt.

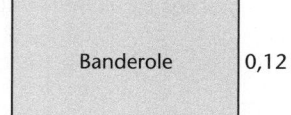

Banderole

0,12 m

S. 31

1 a) Nach dem Strahlensatz gilt: $\frac{x}{3} = \frac{2,6}{2,6 + 1,3}$, also $x = 3 \cdot \frac{2,6}{3,9} = 2$.

b) Das Verhältnis entsprechender Streckenabschnitte ist gleich:

$\frac{x}{3,5} = \frac{2,4}{1,4} \qquad | \cdot 3,5$

$x = \frac{2,4 \cdot 3,5}{1,4} = 6$

S. 31

2 Höhe des Hauses: h = x + 1,75 m
Berechnung der Länge x mit dem Strahlensatz
(entsprechende Strecken stehen im gleichen Verhältnis):

x : 1,25 m = 12,4 m : 1,8 m | · 1,25 m

$$x = \frac{12,4 \text{ m} \cdot 1,25 \text{ m}}{1,8 \text{ m}}$$

x ≈ 8,60 m

h = 8,60 m + 1,75 m = 10,35 m
Das Haus ist ungefähr 10,35 m hoch.

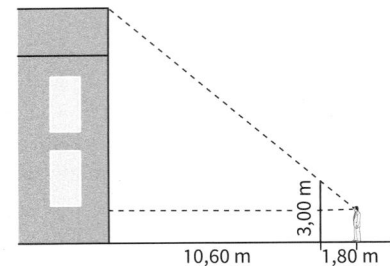

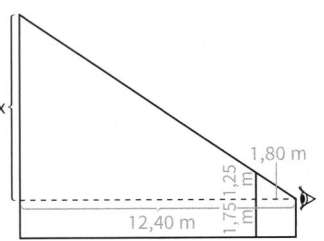

3 Da die beiden Seiten $\overline{XY}$ und $\overline{VW}$ parallel zueinander sind, kann man den Strahlensatz anwenden. Dieser besagt, dass das Verhältnis der beiden Seitenlängen $\overline{UX}$ und $\overline{UV}$ gleich dem Verhältnis der beiden Seitenlängen $\overline{XY}$ und $\overline{VW}$ ist. Aus der Gleichung $\frac{1}{3}\overline{UX} = \overline{UV}$ erkennt man, dass $\overline{UX}$ dreimal so lang ist wie $\overline{UV}$. Also muss auch $\overline{XY}$ dreimal so lang sein wie $\overline{VW}$; also gilt: 3 · $\overline{VW} = \overline{XY}$.

4 Größe von Sebastian: x
Berechnung von x mit dem Strahlensatz:

$$\frac{x}{1,40 \text{ m}} = \frac{1,50 \text{ m}}{1,20 \text{ m}} \qquad | \cdot 1,40 \text{ m}$$

$$x = \frac{1,50 \text{ m} \cdot 1,40 \text{ m}}{1,20 \text{ m}} = \frac{15 \cdot 1,40 \text{ m}}{12} = \frac{5 \cdot 1,40 \text{ m}}{4} = \frac{7 \text{ m}}{4}$$

x = 1,75 m

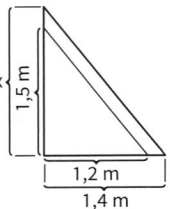

S. 32

1 a) b und c sind die Katheten, weil sie den rechten Winkel einschließen. a liegt ihm gegenüber, ist also die Hypotenuse: $b^2 + c^2 = a^2$
$(6 \text{ cm})^2 + (8 \text{ cm})^2 = a^2$
$a^2 = 100 \text{ cm}^2$
$a \approx 10 \text{ cm}$

b) r ist die Hypotenuse, p und q sind die Katheten: $p^2 + q^2 = r^2$
$(4,2 \text{ m})^2 + q^2 = (7,5 \text{ m})^2$
$q^2 = (7,5 \text{ m})^2 - (4,2 \text{ m})^2$
$q^2 = 38,61 \text{ m}^2$
$q \approx 6,21 \text{ m}$

2 Wenn $a^2 + b^2 = c^2$, dann ist das Dreieck rechtwinklig (Umkehrung des Satzes von Pythagoras).
Dies ist hier der Fall, da:
$a^2 + b^2 = (5 \text{ cm})^2 + (12 \text{ cm})^2 = 25 \text{ cm}^2 + 144 \text{ cm}^2 = 169 \text{ cm}^2$
$c^2 = (13 \text{ cm})^2 = 169 \text{ cm}^2$

3 a) D (9 | −1)

b) Die Diagonalen teilen die Raute in vier rechtwinklige Dreiecke. Nach dem Satz des Pythagoras gilt z. B. für die Länge der Seite $\overline{AB}$:
$(\overline{AB})^2 = (4 \text{ cm})^2 + (3 \text{ cm})^2$
$= 16 \text{ cm}^2 + 9 \text{ cm}^2$
$= 25 \text{ cm}^2$
$\overline{AB} = 5 \text{ cm}$
Umfang u = 4 · 5 cm = 20 cm

Flächeninhalt: $A = 4 \cdot \frac{4 \text{ cm} \cdot 3 \text{ cm}}{2} = 2 \cdot 12 \text{ cm}^2 = 24 \text{ cm}^2$

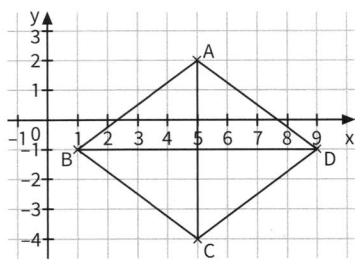

S. 32

4

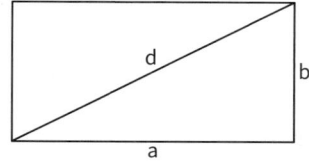

Die Länge der Diagonalen d wird mit dem Satz des Pythagoras bestimmt.

$a^2 + b^2 = d^2$, also: $d = \sqrt{a^2 + b^2}$

$d = \sqrt{121{,}2^2 + 68{,}2^2}$ cm ≈ 139,07 cm

Die Bildschirmdiagonale ist ungefähr 139 cm lang, das sind (139,07 : 2,54) Zoll ≈ 55 Zoll.

5 Der Koffer ist 58 cm lang und 38 cm breit. Die Diagonale dieses Rechtecks wird mit $d = \sqrt{a^2 + b^2}$ berechnet.
$d = \sqrt{(58\ cm)^2 + (38\ cm)^2}$ ≈ 69,3 cm < 70 cm
Man kann die Stöcke nicht flach in den Koffer legen. Evtl. könnte man sie entlang der Raumdiagonalen legen, aber dann wird es schwer, die restlichen Sachen in den Koffer zu packen. Lara sollte einen anderen Koffer wählen.

S. 33

1

	Größe	Begründung
α	50°	Nebenwinkel zu dem eingezeichneter 130°-Winkel
β	40°	Scheitelwinkel zu dem eingezeichneten 40°-Winkel
γ	90°	Winkelsumme im Dreieck: γ = 180° – 50° – 40° = 90°
δ	40°	Stufenwinkel zu β = 40°
ε	50°	Wechselwinkel zu α = 50° oder: δ, ε und γ bilden einen gestreckten Winkel (180°)

2 α ist ein Wechselwinkel zu dem eingezeichneten
30°-Winkel und damit ebenfalls 30° groß.
Da α + 50° + γ = 180°
(Winkelsumme im Dreieck), gilt:
80° + γ = 180° → γ = 100°.
φ ist ein Nebenwinkel von γ:
φ = 180° – γ = 80°.

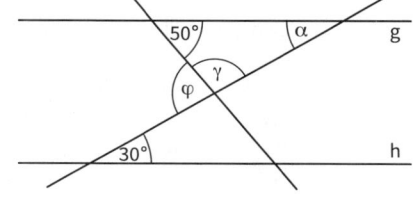

3 δ + ε = 180°, weil ε ein Nebenwinkel von δ ist.
Da ε auch ein Stufenwinkel von α ist, ist ε = α.
Eingesetzt ergibt sich: δ + α = 180°.
Ganz analog gilt: φ + γ = 180° und φ = β, also
β + γ = 180°.

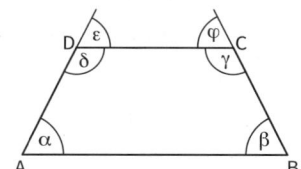

Daten und Zufall (Übungsaufgaben)

S. 34

1 a) Daten der Größe nach geordnet:
65 €; 85 €; 90 €; 100 €; 120 €

Die Spannweite ist die Differenz zwischen dem größten und dem kleinsten Wert:
120 € – 65 € = 55 €

Der Median ist bei ungerader Anzahl der Wert in cer Mitte: 90 €

arithmetisches Mittel: $\frac{65\ € + 85\ € + 90\ € + 100\ € + 120\ €}{5} = \frac{460\ €}{5} = 92\ €$

S. 34

b) Daten der Größe nach geordnet:
4,20 m; 4,80 m; 5,00 m; 5,20 m; 5,30 m; 5,50 m
Spannweite: 5,50 m – 4,20 m = 1,30 m
Der Median ist bei gerader Anzahl das arithmetische Mittel der beiden mittleren Werte:
$$\frac{5,00\ m + 5,20\ m}{2} = 5,10\ m$$

arithmetisches Mittel: $\frac{4,20\ m + 4,80\ m + 5,00\ m + 5,20\ m + 5,30\ m + 5,50\ m}{6} = \frac{30\ m}{6} = 5\ m$

2 Das arithmetische Mittel (Summe aller 12 Gewichte, geteilt durch 12) ist 935,2 kg : 12 = 77,9$\overline{3}$ kg.
Der Durchschnitt von 80 kg wird also unterschritten.

3 Die bekannten fünf Weiten werden der Größe nach geordnet und addiert:
3,95 m + 4,10 m + 4,20 m + 4,45 m + 4,65 m = 21,35 m
Da Sabine im sechsten Sprung ihre schlechteste Weite erzielte, muss er weniger als 3,95 m weit gewesen sein. Da der siebte Sprung mittelmäßig war, ist Sabines weitester Sprung 4,65 m. Die Spannweite zwischen bestem und schlechtestem Sprung beträgt 90 cm. Also ist Sabine im sechsten Sprung 4,65 m – 0,90 m, also 3,75 m weit gesprungen.
Das arithmetische Mittel bei sieben Sprüngen beträgt 4,20 m. Alle sieben Sprünge zusammen sind also 29,40 m (= 7 · 4,20 m) weit. Zieht man davon die bereits bekannten sechs Sprungweiten ab, ergibt sich die Weite des siebten Sprungs: 29,40 m – 3,75 m – 21,35 m = 4,30 m.

S. 35

1 a)/b)

	Anteil	a) Prozent	b) Umsatz
Bekleidung	$\frac{1}{2}$	50 %	$\frac{1}{2}$ · 120 Mio. € = 60 Mio. €
Lebensmittel	$\frac{1}{4}$	25 %	$\frac{1}{4}$ · 120 Mio. € = 30 Mio. €
Elektrogeräte	$\frac{1}{8}$	12,5 %	$\frac{1}{8}$ · 120 Mio. € = 15 Mio. €
Spielwaren	$\frac{1}{8}$	12,5 %	$\frac{1}{8}$ · 120 Mio. € = 15 Mio. €

2 Zuerst wird der Anteil jeder Verbrauchsart am Gesamtverbrauch berechnet (Literzahl durch 126 dividieren), für den Winkel wird dieser Anteil mit 360° multipliziert.

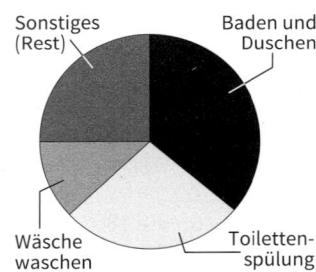

	Verbrauch	Anteil	Winkel
Baden/Duschen	45 l	≈ 36 %	≈ 130°
Toilette	34 l	≈ 27 %	≈ 97°
Wäsche	15 l	≈ 12 %	≈ 43°
Sonstiges (Rest)	32 l	≈ 25 %	≈ 90°

S. 36

1 Wahrscheinlichkeit $= \frac{\text{Anzahl der günstigen Ergebnisse}}{\text{Anzahl der möglichen Ergebnisse}}$

a) A = {2; 4; 6}; $P(A) = \frac{3}{6} = \frac{1}{2}$

B = {6}; $P(B) = \frac{1}{6}$

C = {2; 3; 4; 6}; $P(C) = \frac{4}{6} = \frac{2}{3}$

b) z. B. *keine Sechs* würfeln

2 Es sind 12 Kugeln im Behälter.

$\frac{1}{6}$ von 12 = 2; $\frac{1}{3}$ von 12 = 4; $\frac{1}{2}$ von 12 = 6

2 Kugeln müssen rot, 4 Kugeln blau und 6 Kugeln grün gefärbt werden.

S. 36

3 Im Behälter befinden sich 20 Kugeln, davon sind 6 Kugeln blau, 12 Kugeln gelb und 2 Kugeln rot.

a) $P(\text{blaue Kugel}) = \frac{6}{20} = \frac{3}{10} = 30\,\%$

b) 18 Kugeln sind blau oder gelb.

$P(\text{keine rote Kugel}) = \frac{18}{20} = \frac{9}{10} = 90\,\%$

4 $100\,\% \mathrel{\widehat{=}} 360°$

$1\,\% \mathrel{\widehat{=}} 3,6°$

a)

Farbe	Winkel	Wahrscheinlichkeit
rot	90°	25 %
gelb	72°	20 %
blau	54°	15 %
grün	144°	40 %

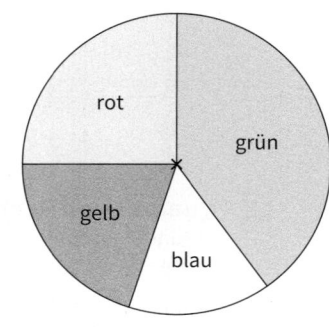

b) (1) $P(\text{gelb oder grün}) = P(\text{gelb}) + P(\text{grün})$

$= 20\,\% + 40\,\%$

$= 60\,\%$

(2) $P(\text{nicht blau}) = 100\,\% - P(\text{blau}) = 100\,\% - 15\,\% = 85\,\%$

c) Mögliche Lösungen: *gelb oder blau oder grün* bzw. *nicht rot*

S. 37

1 a) Wahrscheinlichkeit für die Zahl vier: $\frac{2}{6} = \frac{1}{3}$ (6 mögliche, 2 günstige Ergebnisse)

b) Wahrscheinlichkeit für eine gerade Zahl: $\frac{4}{6} = \frac{2}{3}$ (6 mögliche, 4 günstige Ergebnisse)

c) Wahrscheinlichkeit für keine Sechs: $\frac{5}{6}$ (6 mögliche, 5 günstige Ergebnisse)

d) Die Wahrscheinlichkeit, eine Primzahl (PZ) zu würfeln, wird bei der großen Zahl von Versuchen in der Regel nahe der relativen Häufigkeit rH(PZ) liegen.

Würfel (1): $P(PZ) = \frac{4}{6} = \frac{2}{3}$ $\frac{2}{3}$ von 900 = 600

Würfel (2): $P(PZ) = \frac{3}{6} = \frac{1}{2}$ $\frac{1}{2}$ von 900 = 450

Würfel (3): $P(PZ) = \frac{2}{6} = \frac{1}{3}$ $\frac{1}{3}$ von 900 = 300

Es wurde vermutlich mit Würfel (1) gewürfelt, da 627 am nächsten an 600 liegt. Sicher kann man das aber nicht sagen.

2 Für sehr lange Versuchsreihen ist die relative Häufigkeit ein guter Schätzwert für die Wahrscheinlichkeit.

$rH(3) = \frac{1\,280}{2\,000} = 0,64 = 64\,\% \approx P(3)$

Für das Gegenereignis Augenzahlen 1 oder 2 erhalten wir dann: $P(1 \text{ oder } 2) = 1 - P(3) \approx 36\,\%$
Wir gehen davon aus, dass die Masse des Zylinders gleichmäßig verteilt ist. Dann haben beide Augenzahlen aus Symmetriegründen die gleiche Wahrscheinlichkeit.
Also: $P(1) = P(2) \approx 36\,\% : 2 = 18\,\%$

Abschlusstest Teil A Basisaufgaben

S. 38

1 **Rechnen und Ordnen**

a) $6{,}5 - 7{,}3 = -0{,}8$

b) $-1{,}2 - (-0{,}8) = -1{,}2 + 0{,}8 = -0{,}4$

c) $4 : (-16) = -\dfrac{4}{16} = -\dfrac{1}{4} = -0{,}25$

d) $\dfrac{-5 \cdot (-50)}{5^3} = \dfrac{250}{125} = 2$

e) $-\dfrac{3}{5} \cdot 35 - 4 \cdot (-5) = -21 + 20 = -1$

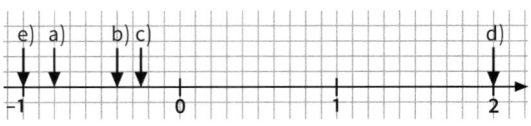

2 **Quadrat und Rechteck**

a) Flächeninhalt $A = a^2$ und $A = 36\ \text{cm}^2$, also Seitenlänge $a = \sqrt{36\ \text{cm}^2} = 6\ \text{cm}$
Der Umfang ist die Summe aller Seitenlängen: $u = 4 \cdot 6\ \text{cm} = 24\ \text{cm}$

b) Möglich sind alle Kombinationen von zwei Seitenlängen, deren Produkt $36\ \text{cm}^2$ beträgt.
Ganzzahlige Kombinationsmöglichkeiten sind z. B.
$1\ \text{cm} \cdot 36\ \text{cm}, 2\ \text{cm} \cdot 18\ \text{cm}, 3\ \text{cm} \cdot 12\ \text{cm}, 4\ \text{cm} \cdot 9\ \text{cm}$ usw.

3 **Prozente**

a) *1. Lösungsweg:* 10 % von 130 € sind 13 €, 40 % sind dann 4 · 13 € = **52 €.**
2. Lösungsweg:
$100\ \% \rightarrow 130\ €$
$1\ \% \rightarrow 1{,}30\ €$
$40\ \% \rightarrow \mathbf{52\ €}$
3. Lösungsweg: 130 € · 40 % = 130 € · 0,4 = **52 €**

b) *1. Lösungsweg:*   *2. Lösungsweg:* $G \cdot 4\ \% = 12\ \text{kg}$
  $4\ \% \rightarrow 12\ \text{kg}$ also: $G \cdot 0{,}04 = 12\ \text{kg}$ |:0,04
  $1\ \% \rightarrow 3\ \text{kg}$ $G = \mathbf{300\ kg}$
$100\ \% \rightarrow \mathbf{300\ kg}$

  3. Lösungsweg: $W = G \cdot p\ \% = G \cdot \dfrac{p}{100}$ umformen: $W \cdot \dfrac{100}{p} = G$

  einsetzen: $G = 12\ \text{kg} \cdot \dfrac{100}{4} = \mathbf{300\ kg}$

c) *1. Lösungsweg:* gesucht: 24 cm von 6 m bzw. 24 cm von 600 cm
    6 cm sind 1 % von 600 cm, dann sind 24 cm genau viermal so viel, also **4 %** von
    600 cm bzw. 4 % von 6 m.

  2. Lösungsweg: $600\ \text{cm} \rightarrow 100\ \%$
         $6\ \text{cm} \rightarrow 1\ \%$
        $24\ \text{cm} \rightarrow \mathbf{4\ \%}$

  3. Lösungsweg: $\dfrac{24\ \text{cm}}{6\ \text{m}} = \dfrac{24\ \text{cm}}{600\ \text{cm}} = 0{,}04 = \mathbf{4\ \%}$

d) 3 % von 760 € sind 0,03 · 760 € = **22,80 €**

4 **Straßenfest**

a) Die Stückzahlen für Bratwurst und Currywurst werden addiert. Insgesamt sollen 105 Würste
verkauft werden.

b) Der Preis für ein Steak steht in Zelle B5. Es soll 3,50 € kosten.

c) Die voraussichtlichen Einnahmen für den Bratwurstverkauf werden in der Zelle D3 mit der Formel
=B3*C3 berechnet.

d) 1. Möglichkeit: Alle Zellen, in denen Einnahmen stehen, werden addiert:
    D12: =D3+D4+D5+D6+D9+D10
  2. Möglichkeit: Man verwendet die Funktion „Summe":
    D12: =Summe(D3:D10).
  Dabei werden Zellen, in denen keine Zahl steht, vom Programm nicht berücksichtigt.

S. 39

5 Gleichungssysteme

a) I. $5x - 3y = 53$
   II. $4x + 3y = 37$ $\rule{0pt}{0pt}$ +

$$9x = 90$$
$$x = 10$$

x eingesetzt in II. $4 \cdot 10 + 3y = 37$
$$3y = -3$$
$$y = -1$$

Lösung: $x = 10$ und $y = -1$

b) 1. Zahl: x   2. Zahl: y
   I. $3x = y - 1$ $|+1$
   II. $2x + y = 36$

Ia. $3x + 1 = y$
y in II.: $2x + (3x + 1) = 36$
$$5x = 35$$
$$x = 7$$

x eingesetzt in Ia. $3 \cdot 7 + 1 = y$
$$22 = y$$

Ergebnis: 1. Zahl: 7   2. Zahl: 22

6 Lineare Funktionen

Die Funktionsgleichungen von f und g besitzen die Form $y = m \cdot x + n$. Also sind f und g lineare Funktionen und ihre Graphen Geraden. f und g besitzen dieselbe Steigung m, d. h., die zugehörigen Graphen verlaufen parallel. Da m den Wert $-0{,}2$ besitzt, fallen beide Graphen von links nach rechts. Der Schnittpunkt des Graphen einer linearen Funktion $y = m \cdot x + n$ mit der y-Achse ist der Punkt $(0\,|\,n)$.
Also schneidet der Graph von f die y-Achse im Punkt $(0\,|-3)$, der Graph von g im Punkt $(0\,|\,3)$.

7 Winkel

Aussage	w/f	Begründung
$\gamma = 70°$	wahr	Scheitelwinkel zu dem eingezeichneten 70°-Winkel
$\delta = 70°$	wahr	Stufenwinkel zu dem eingezeichneten 70°-Winkel
$\beta = \alpha$	falsch	Der Wechselwinkel von β ist φ, nicht α.
$\varepsilon = \beta$	wahr	φ ist ein Wechselwinkel von β und ε ist ein Stufenwinkel von φ.

8 Rechengeschichten

a) (1) Anzahl der Gewinnlose: x   Anzahl der Nieten: 0,5x
      Gleichung: $x + 0{,}5x = 30$ ☒ ja.
   (2) Roberts Sparsumme nach 30 Tagen: x
      Gleichung: $x = 15 \cdot 1 \,€ + 15 \cdot 0{,}50 \,€$ ☒ nein.
   (3) Mineralwasser in Liter: x   Fruchtsaft in Liter: $0{,}5 \cdot x$
      Gleichung: $x + 0{,}5x = 30$ ☒ ja.
   (4) Alter der Bruders: x   Alter von Max: $0{,}5 \cdot x$
      Gleichung: $x + 0{,}5x = 30$ ☒ ja.

b) $x + 0{,}5x = 30$
      $1{,}5x = 30$ $|: 1{,}5$
      $x = 20$

(1) 20 Gewinne, 10 Nieten   (2) $15 \cdot 1 \,€ + 15 \cdot 0{,}50 \,€ = 22{,}5 \,€$
(3) 20 Flaschen mit 1 l, 10 Flaschen mit 0,5 l (4) Bruder 20 Jahre, Max 10 Jahre

S. 40

9 Kinobesucher

a) $\dfrac{(625 + 745 + 820 + 655 + 423 + 388 + 495)}{7} = \dfrac{4\,151}{7} = 593$

b) Wenn durchschnittlich 450 Besucher pro Tag den Film gesehen haben, sind das in zwei Wochen insgesamt 6 300 ($450 \cdot 14$) Besucher. Davon muss man die Anzahl der Besucher aus der ersten Woche (4 151) abziehen. In der zweiten Woche haben 2 149 Besucher (6 300 – 4 151) den Film gesehen.

10 Lostrommel

a) $P(\text{Hauptgewinn}) = \dfrac{\text{Anzahl der Hauptgewinne}}{\text{Anzahl aller Lose}} = \dfrac{20}{300} = \dfrac{1}{15}$

Die Wahrscheinlichkeit, dass das erste gezogene Los ein Hauptgewinn ist, beträgt $\frac{1}{15}$.

b) Es sind jetzt noch 270 Lose in der Lostrommel, davon 18 Hauptgewinne.

$P(\text{Hauptgewinn}) = \dfrac{18}{270} = \dfrac{2}{30} = \dfrac{1}{15}$

Die Wahrscheinlichkeit für einen Hauptgewinn ist genauso groß wie beim ersten gezogenen Los.

11 Gleichungen und Graphen

Grundsätzlich gibt es zwei Lösungswege. Bei dem rechnerischen Weg wählt man einen Punkt $(x|y)$ des Graphen aus, den dieser mit einem der abgebildeten Graphen gemeinsam hat, und prüft, welche der zur Auswahl stehenden Gleichungen durch die Koordinaten des Punktes erfüllt wird. Schneller aber ist der andere Weg, bei dem man sein Wissen über den grafischen Verlauf von linearen und quadratischen Funktionen nutzt.

Die abgebildeten Graphen g_1 und g_2 sind Geraden. Geraden sind Graphen von linearen Funktionen mit der allgemeinen Form $y = m \cdot x + n$. Drei zur Auswahl stehende Gleichungen sind linear, sie unterscheiden sich nur in der Steigung (m). Die Graphen g_1 und g_2 steigen von links nach rechts an, also ist $m > 0$. Die Gleichung $y = -2x + 1$ scheidet damit aus. Da g_1 steiler verläuft als g_2, gehört die Gleichung mit dem größeren m zu g_1, nämlich $y = x + 1$. Zu g_2 gehört $y = 0{,}5x + 1$.

Zu den Parabeln (g_3, g_4, g_5, g_6) gehören Gleichungen, die einen quadratischen Term (x^2) enthalten. Hiervon stehen fünf zur Auswahl. Die Graphen g_3 und g_4 besitzen den Scheitelpunkt $(0|0)$ und sind nach unten geöffnet. Zu ihnen gehören also Gleichungen der Form $y = ax^2$ mit $a < 0$. Zur Auswahl stehen $y = -x^2$ und $y = -2x^2$. Die Parabel g_3 verläuft durch die Punkte $(-1|-1)$ und $(1|-1)$. Zu ihr gehört also die Gleichung $y = -x^2$. Die Parabel g_4 ist schmaler geöffnet, zu ihr gehört die Gleichung $y = -2x^2$.

Die Graphen g_5 und g_6 sind verschobene Normalparabeln. Parabeln mit der Gleichung $y = x^2 + c$ besitzen den Scheitelpunkt $(0|c)$. Sie sind gegenüber der Normalparabel in y-Richtung verschoben; für $c > 0$ nach oben, für $c < 0$ nach unten. g_6 besitzt den Scheitelpunkt $(0|2)$. Zu g_6 gehört also $y = x^2 + 2$. Die Parabel g_5 besitzt den Scheitelpunkt $(-1|0)$. Zu ihr passt nur noch die Gleichung $y = x^2 + 2x + 1$. Folgende Überlegung bestätigt dies: umgeformt lautet die Gleichung $y = (x + 1)^2$. Parabeln mit der Gleichung $y = (x + d)^2$ besitzen den Scheitelpunkt $(-d|0)$ und sind gegenüber der Normalparabel um b nach links verschoben. Richtig ist also:

g_1	$y = x + 1$
g_3	$y = -x^2$
g_5	$y = x^2 + 2x + 1$
g_6	$y = x^2 + 2$

	$y = x^2 - 2$
g_2	$y = 0{,}5x + 1$
	$y = -2x + 1$
g_4	$y = -2x^2$

12 Exponentielle Abnahme

Bei der dargestellten Sachsituation handelt es sich um einen exponentiellen Abnahmeprozess. Der Wachstumsfaktor q ergibt sich aus: $q = 1 - 18\% = 1 - \dfrac{18}{100} = 0{,}82$

1. Lösungsweg:

Stunde	0	1	2	3	4	5	6
Vitaminmenge im Blut (mg)	300	246	201,72	165,41	135,64	111,22	91,2

$\cdot\,0{,}82 \quad \cdot\,0{,}82 \quad \cdot\,0{,}82 \quad \cdot\,0{,}82 \quad \cdot\,0{,}82 \quad \cdot\,0{,}82$

Nach 2 Stunden sind also noch etwa 201,72 mg des Vitamins im Blut, nach 4 Stunden etwa 135,64 mg und nach 6 Stunden noch etwa 91,2 mg.

2. Lösungsweg: Man rechnet mit der Formel $G_n = G \cdot q^n$

Nach 2 Stunden: $G_2 = 300 \cdot 0{,}82^2$ mg $\approx 201{,}72$ mg
Nach 4 Stunden: $G_4 = 300 \cdot 0{,}82^4$ mg $\approx 135{,}64$ mg
Nach 6 Stunden: $G_6 = 300 \cdot 0{,}82^6$ mg $\approx 91{,}20$ mg

13 Fahrstuhl

Die Masseangabe bezieht sich auf m², deshalb wird zuerst die Fläche ausgerechnet, die das gesamte Papier einnimmt.

1 Blatt: 21,0 cm · 29,7 cm = 623,7 cm²   1 m² = 10 000 cm²

100 000 Blatt: 623,7 cm² · 100 000 = 62 370 000 cm² = 6 237 m²

Masse des Papiers: $80 \frac{g}{m^2} \cdot 6237 \ m^2 = 498\,960 \ g \approx 500$ kg

14 Parabeln in verschiedenen Darstellungen

Scheitelpunktform: $f(x) = a \cdot (x - d)^2 + e$

Da der Scheitelpunkt $S(-1,5 \mid 3,5)$ ist, gilt $d = -1,5$ und $e = 3,5$.

Die Parabel ist nach unten geöffnet und um 0,5 gestaucht, also $a = -0,5$.

$$
\begin{aligned}
f(x) &= -0,5\,(x + 1,5)^2 + 3,5 && \text{(Scheitelpunktform)} \\
&= -0,5\,(x^2 + 3x + 2,25) + 3,5 \\
&= -0,5x^2 - 1,5x - 1,125 + 3,5 \\
&= -0,5x^2 - 1,5x + 2,375 && \text{(allgemeine Form)}
\end{aligned}
$$

15 Wasserfass

a) Das Fass hat die Form eines Zylinders. Für Zylinder mit dem Radius r und der Höhe h gilt:

$V = \pi \cdot r^2 \cdot h$

$V = \pi \cdot (30 \ cm)^2 \cdot 80 \ cm \approx 226\,194,7 \ cm^3$ Dies entspricht ca. 226 l.

b) Das Fass ist oben offen. Deshalb fällt eine Kreisfläche weg und es gilt die folgende Formel:

$O = \pi \cdot r^2 + 2 \cdot \pi \cdot r \cdot h$

$O = \pi \cdot (0,3 \ m)^2 + 2 \cdot \pi \cdot 0,3 \ m \cdot 0,8 \ m \approx 1,79 \ m^2 \approx 1,8 \ m^2$

oder $O = \pi \cdot (30 \ cm)^2 + 2 \cdot \pi \cdot 30 \ cm \cdot 80 \ cm \approx 17\,907 \ cm^2 \approx 1,8 \ m^2$

16 Größen bestimmen

Ladevolumen eines Lasters: Der Ladebereich kann als Quader mit den Maßen: Breite 2,5 m, Höhe 2,5 m, Länge 8 m geschätzt werden. Als Volumen ergibt sich daraus 2,5 m x 2,5 m x 8 m = 50 m³. Da 1 m³ = 1 000 l, muss 50 000 l angekreuzt werden.

Länge eines Springseils: Die Länge eines Springseils muss länger sein als die Körpergröße (bzw. als zweimal die halbe Körpergröße). Es muss aber kürzer als 5 m sein, sonst kann es nicht zum Springen benutzt werden. Entsprechend kann die Länge des Seils auf ungefähr 2,5 m geschätzt werden, was 25 dm entspricht (250 000 mm = 250 m; 2 500 cm = 0,025 km = 25 m).

Fläche eines Handballfeldes: Ein Handballfeld ist 20 m breit und 40 m lang, sodass sich ein Flächeninhalt von 800 m² ergibt (80 000 cm² = 8 m²; 8 000 dm² = 80 m²; 0,8 km² = 800 000 m²).

17 Dreieck im Koordinatensystem

a)

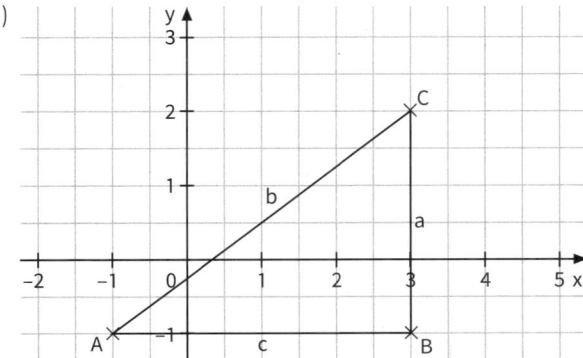

b) Länge der Strecken: $\overline{AB} = 4$ cm, $\overline{BC} = 3$ cm

Im rechtwinkligen Dreieck ABC gilt nach dem Satz von Pythagoras:

$$
\begin{aligned}
(\overline{AC})^2 &= (\overline{AB})^2 + (\overline{BC})^2 \\
&= (4 \ cm)^2 + (3 \ cm)^2 \\
&= 25 \ cm^2 \qquad | \sqrt{} \\
\overline{AC} &= 5 \ cm
\end{aligned}
$$

Da das Dreieck rechtwinklig ist, kann der Flächeninhalt mithilfe der Länge der Katheten berechnet werden.

$$
\begin{aligned}
\text{Flächeninhalt } A &= \frac{\overline{AB} \cdot \overline{BC}}{2} \\
&= \frac{4 \ cm \cdot 3 \ cm}{2} \\
&= 6 \ cm^2
\end{aligned}
$$

18 Abschlussfahrt

a) Für Venedig ist jeder Vierte, das sind 20 Schülerinnen und Schüler (80 : 4 = 20).
20 % sind für Paris, das sind 16 Schülerinnen und Schüler (80 · 0,2 = 16).
Nach London oder Prag wollen somit 80 – 20 – 16 = 44 Schülerinnen und Schüler.
Diese teilen wir im Verhältnis 3 : 1 auf:

44 : 4 = 11   11 · 3 = 33
                           11 · 1 = 11

Nach London wollen 33 Schülerinnen und Schüler, nach Prag 11.

b) Venedig: $\frac{1}{4}$ = 25 %

Paris: 20 %

London: 33 von 80 = $\frac{33}{80}$ = 0,4125 = 41,25 %

Prag: 11 von 80 = $\frac{11}{80}$ = 0,1375 = 13,75 %

c) Um ein Kreisdiagramm zu zeichnen, muss man die Mittelpunktswinkel für die einzelnen Kreisausschnitte berechnen:
  • 1 % entspricht 360° : 100, also 3,6°.
  • Man kann auch mit den Brüchen rechnen, $\frac{1}{80}$ entspricht dann 360° : 80, also 4,5°.

Für die Kreisausschnitte erhalten wir
dann folgende Mittelpunktswinkel:

Venedig: $\frac{1}{4}$ → 360° : 4 = 90°

Paris: 20 % = $\frac{1}{5}$ → 360° : 5 = 72°

London: $\frac{33}{80}$ → 33 · 4,5° = 148,5°

Prag: $\frac{11}{80}$ → 11 · 4,5° = 49,5°

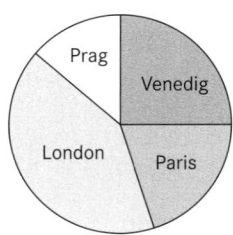

Das Streifendiagramm ist insgesamt 10 cm lang, sodass 1 mm genau 1 % entspricht.

Venedig 25,00 %	Paris 20,00 %	London 41,25 %	Prag 13,75 %

19 Kleintiergehege

Da alle Seiten des Sechsecks 60 cm lang sind, ist das eingezeichnete
Rechteck 60 cm hoch. Dazu kommen noch vier kongruente rechtwinklige
Dreiecke. Deren Hypotenusen sind 60 cm lang (wie die Drahtplatten).
Eine Kathete ist jeweils 30 cm lang (= (120 cm – 60 cm) : 2)).
Mit dem Satz des Pythagoras kann man die Länge der noch fehlenden
Kathete berechnen:

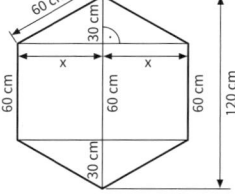

$x^2 + (30 \text{ cm})^2 = (60 \text{ cm})^2$
$x^2 + 900 \text{ cm}^2 = 3600 \text{ cm}^2$
$\qquad\quad x^2 = 2700 \text{ cm}^2$
$\qquad\qquad x \approx 52 \text{ cm}$

Flächeninhalt des Rechtecks:
2x · 60 cm = 104 cm · 60 cm = 6240 cm²

Flächeninhalt der vier Dreiecke: 4 · $\frac{52 \text{ cm} \cdot 30 \text{ cm}}{2}$ = 3210 cm²

Der Flächeninhalt des Geheges beträgt insgesamt 6240 cm² + 3120 cm² = 9360 cm²,
also knapp 1 m².

S. 43

20 Würfeln mit einem Quader

a) Die Seitenfläche mit der Augenzahl 1 ist genauso groß wie die Fläche mit der Zahl 6. Wir gehen davon aus, dass die Masse des Holzquaders gleichmäßig verteilt ist. Aus Symmetriegründen beträgt dann die Wahrscheinlichkeit, eine Eins zu würfeln, ebenfalls ca. 8%. Damit bleiben für die übrigen vier Ergebnisse (2, 3, 4, 5) noch ca. 84% übrig. Da ihre Flächen ebenfalls alle gleich groß sind, beträgt – wiederum aus Symmetriegründen – die Wahrscheinlichkeit für jedes Ergebnis ca. 21% (= 84% : 4).

Augenzahl	1	2	3	4	5	6
Näherungswert für die Wahrscheinlichkeit	8%	21%	21%	21%	21%	8%

Da es sich um einen Zufallsversuch handelt, sind dies nur Näherungswerte. Selbst mit einer sehr großen Zahl von Versuchen kann man die Wahrscheinlichkeiten nur angenähert, nicht aber exakt bestimmen.

b) Bei einer so großen Anzahl an Würfen ist es am wahrscheinlichsten, dass ungefähr 8% (Wahrscheinlichkeit für 6) der 4000 Würfe eine 6 sind; also: 0,08 · 4000 Würfe = 320 Würfe. Trotzdem ist aber jede andere Anzahl zwischen 0 und 4000 möglich.

21 Funktionsbeschreibung

Graph f: Mit wachsenden x-Werten wachsen auch gleichmäßig die y-Werte (positive konstante Steigung). Für x = 0 geht die Funktion nicht durch den Ursprung. Es handelt sich um eine lineare Funktion.

Graph g: Mit wachsenden x-Werten werden die y-Werte gleichmäßig kleiner (negative konstante Steigung). Für x = 0 geht die Funktion nicht durch den Ursprung. Es handelt sich um eine lineare Funktion.

Graph h: Mit wachsenden x-Werten werden die y-Werte auch immer geringer, aber nicht gleichmäßig, sondern die Abnahme wird immer geringer. Die Funktion hat keinen Schnittpunkt mit der y-Achse, sondern schmiegt sich an die y-Achse an. Es könnte sich um eine Hyperbel, also eine antiproportionale Funktion handeln.

Graph i: Unabhängig von den x-Werten nehmen die y-Werte immer den Wert 3,5 an. Es handelt sich um eine konstante Funktion.

Graph j: Mit wachsenden x-Werten wachsen auch gleichmäßig die y-Werte (positive konstante Steigung). Für x = 0 geht die Funktion durch den Ursprung. Es handelt sich um eine proportionale Funktion.

22 Baumhöhe

Nach dem Strahlensatz gilt:

$$\frac{x}{1,30\,m} = \frac{15\,m}{3\,m} \quad | \cdot 1,30$$

$$x = \frac{15\,m \cdot 1,30\,m}{3\,m}$$

$$x = 6,50\,m$$

Baumhöhe h = 6,50 m + 1,70 m = 8,20 m
Die Höhe des Baumes beträgt 8,20 m.

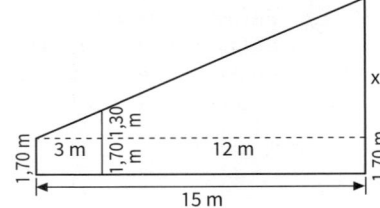

Hier im Lösungsheft befinden sich **Kurzlösungen** zu den Aufgaben des Eingangstests (S. 44 – 53).
Ausführliche Lösungen zum Eingangstest befinden sich im Arbeitsbuch (S. 54 – 79).

Kurzlösungen – Eingangstest Teil B Komplexe Aufgaben

S. 44

1 Preisänderungen
a) Der neue Preis der Bluse ist 48,68 €.
b) Der Anzug kostete vorher 299,90 €.
c) Der Preis wurde um rund 11,14 % erhöht.

2 Werkstück
a) Die Masse des Werkstücks beträgt etwa 17 kg.
b) Der Oberflächeninhalt ist ca. 1 200 cm² groß.

3 Straßenbahnfahrplan
a) Die Entfernung zwischen den Haltestellen Bahnhof und Tierpark beträgt 14 km.
b) Vom Bahnhof bis zum Stadion fährt die Straßenbahn zwischen den Haltestellen mit gleicher
Durchschnittsgeschwindigkeit $\left(\frac{1\text{ km}}{2\text{ min}}, \text{ also } 30\ \frac{\text{km}}{\text{h}}\right)$.
Vom Stadion bis zum Tierpark fährt sie schneller $\frac{2\text{ km}}{2\text{ min}}$, also $60\ \frac{\text{km}}{\text{h}}$.

c)

Haltestelle		Uhrzeit
Bahnhof	ab	14:10
Rosentor	an	14:14
	ab	14:15
Nordheide	an	14:19
	ab	14:20
Stadion	an	14:24
	ab	14:25
Tierpark	an	14:33

S. 45

4 Fahrradurlaub
a) Lennards Aussage ist falsch.
b) Der Verbrauch steigt um ungefähr 27 %.

c)
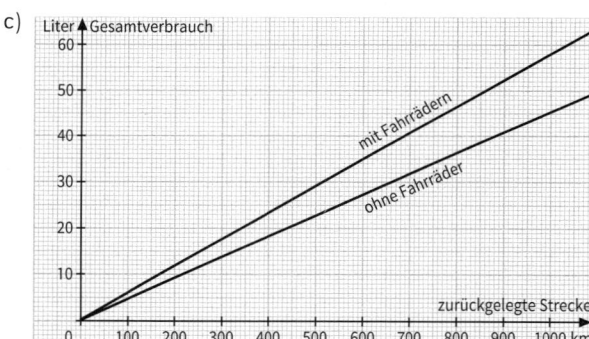

5 Herzogstandbahn
Die Kabine legt eine Strecke von ungefähr 1 250 m zurück.

S. 46

6 Konservendose
a) Die Gesamtlänge des Bandes beträgt etwa 73,1 cm.
b) Ein doppelt so langes Band reicht.

7 Gläser
a) 8 randvolle Likörgläser füllen das Rotweinglas.
b) Richtig ist der Graph C.

S. 46

8 Agenturmeldung

Die Meldung ist fehlerhaft. Richtig müsste die Meldung lauten: „Vor allem in Thüringen und Sachsen hängt oder liegt die weiße Bluse bei etwa neun von zehn Frauen (87,4 Prozent) im Schrank, ergab jetzt eine Umfrage."

S. 47

9 Kugelstoßen

a) Die Kugel wird aus 2 m Höhe abgestoßen.

b) Die Kugel erreicht eine Höhe von 4,81 m.

c) Die Kugel wird 17,31 m weit gestoßen.

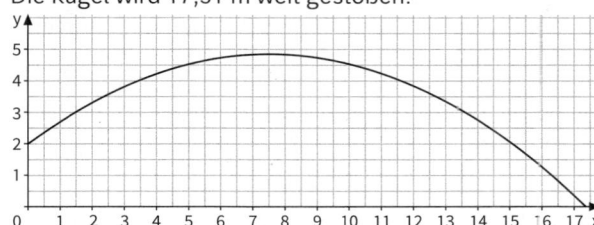

10 Haus mit Satteldach

a) Das Volumen des Hauses beträgt insgesamt 780 m³.

b) Die gesamte Dachfläche ist 153,6 m² groß.

c) Der Neigungswinkel des Daches beträgt ca. 39°.

S. 48

11 Nebenjobs

a) Der prozentuale Anteil der Mädchen beträgt 60 %, der Anteil der Jungen 40 %.

b) 261 Mädchen haben keinen Nebenjob.

c) 62,5 % der Jungen haben keinen Nebenjob.

12 Pkw-Antriebe und Kosten

a)

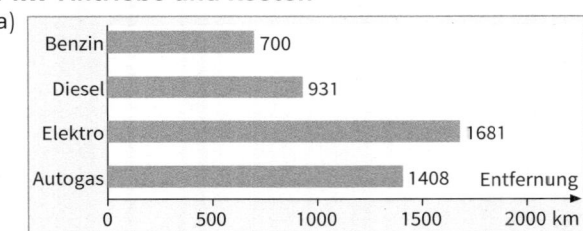

b) Die Tankfüllung reicht nicht.

c) Der Anteil der Energiesteuer beträgt 32 %.

S. 49

13 Seitenlängen beim Quadrat

Aussage (1) und Aussage (4) sind falsch.

14 Tonnenschwere Goldmünze

a) Im Oktober 2011 erhielt man für 1 Euro 1,52 US-Dollar.

b) Die Angaben stimmen nicht überein.

c) Der Radius beträgt etwa 28,3 cm.

15 Kapitalanlage

a) Henrik muss etwa 47 Jahre warten.

b) Auch ein Kapital von 10 000 € verdoppelt sich bei einem Zinssatz von 1,5 % in etwa 47 Jahren.

S. 50

16 Zwei Würfel

a) Es gibt 36 mögliche Ergebnisse.   b) $P(3;5) = \frac{1}{36}$ c) $P(\text{Pasch}) = \frac{1}{6}$

17 Fußballduell

a) $p\% = 78\%$ b) Nach etwa 9 Jahren.

c) Der Radius des Kreises der Premier League ist etwa dreimal so groß wie der Radius des Kreises der Bundesliga. Dies ergibt den 9-fachen Flächeninhalt.

Die zugehörigen Euro-Beträge sind jedoch nur etwa 2,3-mal so hoch.

S.51

18 Zahlenrätsel
a) Die Gleichung $x - 8 = 3(5 + x)$ gehört zum Zahlenrätsel (3).
b) $x = -11{,}5$
c) Zahlenrätsel (1): $3x - 8 = x + 5$
   Zahlenrätsel (2): $3(x - 8) = x - 5$

19 Smartphone-Nutzung
a) Spannweite: 140   unteres Quartil: 40   oberes Quartil: 60
   Median (Zentralwert): 45
b) Felix' Aussage ist falsch. Durch die Länge der Strecke zwischen oberem Quartil und größtem
   Wert hat er sich täuschen lassen.

20 Fläche NRW
Das Bundesland ist knapp 35 000 km² groß.

S.52

21 Quadratische Gleichungen
a) Pauls Lösung stimmt. Marcel hat einen Vorzeichenfehler beim Einsetzen von $q = 20$ gemacht.
b) (1) $x_1 = -7$; $x_2 = 7$ (2) $x = -4$ (3) $x_1 = 0$; $x_2 = 5$ (4) $x_1 = 1$; $x_2 = -25$

22 Glücksrad
Baumdiagramm (g: grün; o: orange)
1. Drehung   2. Drehung

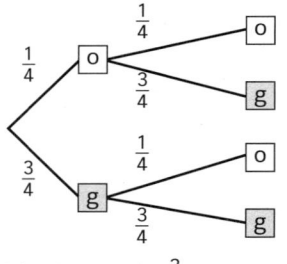

$P(o;o) = \frac{1}{4} \cdot \frac{1}{4} = \frac{1}{16}$

$P(g;g) = \frac{3}{4} \cdot \frac{3}{4} = \frac{9}{16}$

b) $P(\text{Verlust}) = \frac{3}{8}$

c) Die Klasse kann mit einem Gewinn von 132,50 € rechnen.

23 Angebote
a) Zu empfehlen ist das Angebot C.
b) Das Angebot C ist auch bei jedem anderen Sparbetrag zu empfehlen.

S.53

24 Brückenkonstruktion
Die Brücke muss rund 341 m lang werden.

25 Verdienst
a) Nach Modell 2 würde er 2 000 € verdienen und nach Modell 1 3 300 €, also 1 300 € mehr.
b) =A3*10/100 oder =A3*0,1
c) Richtig sind:
   ☒ =B3+2500
   ☒ =A3*0,04+2500
d) Bei einem Umsatz von 41 667 € verdient man mit beiden Modellen gleich viel.

26 Riesentasse
a) Tassenhöhe: ca. 55 cm
   Oberer/unterer Tassendurchmesser: 55 cm/25 cm
b) Es ist die Tasse mit dem eingezeichneten Zylinder anzukreuzen.
c) Ein Riesencappuccino würde ungefähr 1 000 € kosten.

Übungsaufgaben Teil B Komplexe Aufgaben

S. 54

1 $80\% = 0{,}8$ x ist die Anzahl der Runden, die Silke geschafft hat.

80% von $x = x \cdot 0{,}8 = 12$

$x \cdot 0{,}8 = 12$ $|:0{,}8$

$x = \dfrac{12}{0{,}8}$

$x = 15$ Silke hat 15 Runden geschafft.

2 Formel $p\% = \dfrac{W}{G}$: $p\% = \dfrac{1\,293{,}50}{1\,990} = 0{,}65 = 65\%$

Man zahlt bei Buchung bis Ende März nur 65% des Normalpreises, spart also 35% gegenüber dem Normalpreis ($100\% - 65\% = 35\%$).

3 Der Preis des Autos im Vorjahr ist der Grundpreis G. Da $100\% - 8\% = 92\%$ gilt:

$G \cdot 0{,}92 = 22\,264$ $|:0{,}92$

$G = \dfrac{22\,264}{0{,}92}$

$G = 24\,200$

Im Vorjahr kostete das Auto $24\,200$ €.

4 Anzahl der Hausmülltonnen 2020: $840 \cdot 1{,}15 = 966$ (Erhöhung um 15%)

Abfall pro Tonne 2020: 18 kg $\cdot\, 1{,}05 = 18{,}9$ kg   (Erhöhung um 5%)

Das Jahr 2020 hat 52 Wochen.

$966 \cdot 18{,}9$ kg $\cdot\, 52 = 949\,384{,}8$ kg $= 949{,}3848$ t

Die Stadtreinigungswerke mussten knapp 950 t Abfall aus Hausmülltonnen abtransportieren.

5 Anzahl der Schülerinnen und Schüler zu Beginn von 2019/2020: x

Anzahl der Schülerinnen und Schüler zu Beginn von 2020/2021: $x \cdot 1{,}5$

Anzahl der Schülerinnen und Schüler zu Beginn von 2021/2022: $(x \cdot 1{,}5) \cdot 1{,}4$

Es gilt also die Gleichung $(x \cdot 1{,}5) \cdot 1{,}4 = 139$

$x \cdot 2{,}1 = 139$ $|:2{,}1$

$x = \dfrac{189}{2{,}1}$

$x = 90$

Die Schule nahm den Betrieb mit 90 Schülerinnen und Schülern auf.

S. 55

1 a) Zu berechnen sind ein Kegel mit $r = 1$ m und $h_K = 3$ m sowie ein Zylinder mit $r = 1$ m und $h_Z = 5$ m.

$V_{Kegel} = \dfrac{1}{3}\, \pi \cdot (1\text{ m})^2 \cdot 3\text{ m}$ $V_{Zylinder} = \pi \cdot (1\text{ m})^2 \cdot 5\text{ m}$

$\approx 3{,}14\text{ m}^3$ $\approx 15{,}71\text{ m}^3$

$V_{Gesamt} = V_{Kegel} + V_{Zylinder} \approx 3{,}14\text{ m}^3 + 15{,}71\text{ m}^3 = 18{,}85\text{ m}^3$

Jeder Kubikmeter wiegt $0{,}76$ t, also ist die Masse $m \approx 18{,}85 \cdot 0{,}76$ t $\approx 14{,}3$ t.

Das Modell wiegt knapp 14,3 t.

b) Hier geht es um die Oberfläche O, die aus dem Kegelmantel M_K, dem Zylindermantel M_Z und der Grundfläche G besteht. Zunächst muss s mit dem Satz des Pythagoras berechnet werden:

$s^2 = h^2 + r^2$

$s^2 = 9\text{ m}^2 + 1\text{ m}^2$

$s^2 = 10\text{ m}^2$ $|\sqrt{}$

$s \approx 3{,}16$ m

$M_K = \pi \cdot r \cdot s \approx \pi \cdot 1\text{ m} \cdot 3{,}16\text{ m} \approx 9{,}93\text{ m}^2$

$M_Z = 2 \cdot \pi \cdot r \cdot h_Z \approx 2\pi \cdot 1\text{ m} \cdot 5\text{ m} \approx 31{,}42\text{ m}^2$

$G = \pi \cdot r^2 = \pi \cdot (1\text{ m})^2 \approx 3{,}14\text{ m}^2$

$O = M_K + M_Z + G \approx 9{,}93\text{ m}^2 + 31{,}42\text{ m}^2 + 3{,}14\text{ m}^2 = 44{,}49\text{ m}^2$

Das sind knapp $44{,}5$ m². Da man pro m² einen halben Liter Farbe braucht, sind etwa 22,25 Liter Farbe erforderlich.

S.55

2 Um die Masse m des Werkstücks berechnen zu können, muss sein Volumen bekannt sein.
Werkstückvolumen $V = V_{Z_1}$ (Holzzylinder) $- V_{Z_2}$ (herausgebohrten Zylinder).
$V_{Z_1} = \pi \cdot r_1^2 \cdot h_1 = \pi \cdot (15\ cm)^2 \cdot 10\ cm \approx 7\,068{,}58\ cm^3$
$V_{Z_2} = \pi \cdot r_2^2 \cdot h_2 = \pi \cdot (2\ cm)^2 \cdot 5\ cm \approx 62{,}83\ cm^3$

Das Volumen V des Werkstücks ergibt sich dann aus
$V = V_{Z_1} - V_{Z_2} \approx 7\,068{,}58\ cm^3 - 62{,}83\ cm^3 = 7\,005{,}75\ cm^3$
Da 1 cm³ Holz 0,76 g wiegt, beträgt die Masse m des Werkstücks

$m = 7\,005{,}75\ cm^3 \cdot 0{,}76\ \frac{g}{cm^3} = 5\,324{,}37\ g \approx 5{,}3\ kg$

Die Masse des Werkstücks beträgt ca. 5,3 kg.

3 a) Gesucht ist die Körperhöhe h_P der Pyramide.
Gegeben ist das rechtwinklige Dreieck NMO mit $\overline{MN} = 5$ cm und dem Winkel ONM = α = 67°.
Die gesuchte Körperhöhe h_P entspricht der Länge der Dreiecksseite $\overline{OM}$.

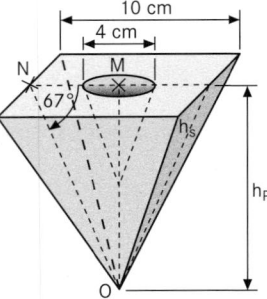

Es gilt: $\tan 67° = \dfrac{h_P}{5\ cm}$ $\quad | \cdot 5\ cm$

$5\ cm \cdot \tan 67° = h_P$, $h_P \approx 11{,}78$ cm
Die Höhe des abgebildeten Körpers beträgt etwa 11,78 cm.

b) Das Volumen V des Werkstücks ergibt sich aus dem Volumen V_P
der Pyramide abzüglich des Volumens V_K der kegelförmigen
Aushöhlung. Deren Höhe beträgt die Hälfte von h_P, also 5,89 cm.

$V_P = \dfrac{1}{3} \cdot a^2 \cdot h_P \approx \dfrac{1}{3} \cdot (10\ cm)^2 \cdot 11{,}78\ cm \approx 392{,}67\ cm^3$

$V_K = \dfrac{1}{3} \pi \cdot r^2 \cdot \dfrac{h_P}{2} \approx \dfrac{1}{3} \pi \cdot (2\ cm)^2 \cdot 5{,}89\ cm \approx 24{,}67\ cm^3$

Das gesuchte Volumen V des Werkstücks ergibt sich dann aus:
$V = V_P - V_K \approx 392{,}67\ cm^3 - 24{,}67\ cm^3 = 368\ cm^3$

c) Die Dichte von Aluminium beträgt $2{,}7\ \frac{g}{cm^3}$. Also $m \approx 368\ cm^3 \cdot 2{,}7\ \frac{g}{cm^3} = 993{,}6\ g = 0{,}9936\ kg \approx 1\ kg$

Die Masse m des Werkstücks beträgt etwa 1 kg.

S.56

1 a) Aus dem Graphen, der Inas Fahrt beschreibt, ist abzulesen, dass
– Ina nach einer Viertelstunde erst 4 km
  zurückgelegt hat ($\boxtimes$ NEIN).
– Ina nach 30 Minuten (um 19:30 Uhr)
  eine Rast einlegt ($\boxtimes$ JA).
– Inas durchschnittliche Geschwindigkeit zu Beginn ihrer Fahrt 4 km in 15
  Minuten, also 16 km in 60 Minuten
  bzw. $16\ \frac{km}{h}$ beträgt ($\boxtimes$ NEIN).

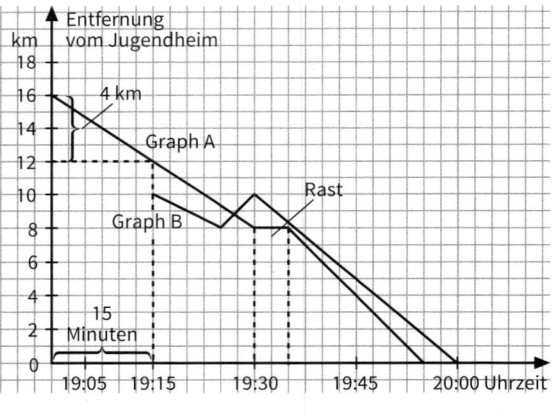

b) Eine mögliche Beschreibung wäre: Paul
steigt um 19:15 Uhr auf sein Fahrrad
und macht sich auf den Weg zum Jugendheim. Nach 2 km Fahrt (oder nach
10 Minuten) stellt er fest, dass er seinen
Haustürschlüssel zu Hause vergessen
hat.
Er kehrt um und radelt schnell (mit der doppelten Geschwindigkeit wie zuvor) zurück.
Schon von weitem sieht er seinen Vater mit dem Schlüsselbund vor dem Haus auf ihn warten.
Nur ein kurzes Dankeschön und schon radelt Paul wieder los. Ohne Pause und mit gleichbleibender Geschwindigkeit legt er nun die 10 km lange Fahrt zurück. Paul trifft genau zu Beginn der
Party um 20:00 Uhr am Jugendheim ein.

c) Paul startet um 19:15 Uhr. Wäre er 10 Minuten vor Ina um 19:45 Uhr angekommen, hätte er
den 10 km langen Weg von Zuhause bis zum Jugendheim in 30 Minuten zurücklegen müssen.
Dies gelingt mit einer konstanten (gleichbleibenden) Geschwindigkeit von 10 km in 30 Minuten
bzw. 20 km in 60 Minuten. Die Antwort lautet also: Paul hätte die gesamte Strecke mit einer
konstanten Geschwindigkeit von $20\ \frac{km}{h}$ fahren müssen, um 10 Minuten vor Ina anzukommen.

S. 56

2 Eine mögliche Lösung ist im Koordinatensystem dargestellt. Je langsamer die Wandergeschwindigkeit ist, desto geringer ist die Steigung des entsprechenden Graphenabschnitts.

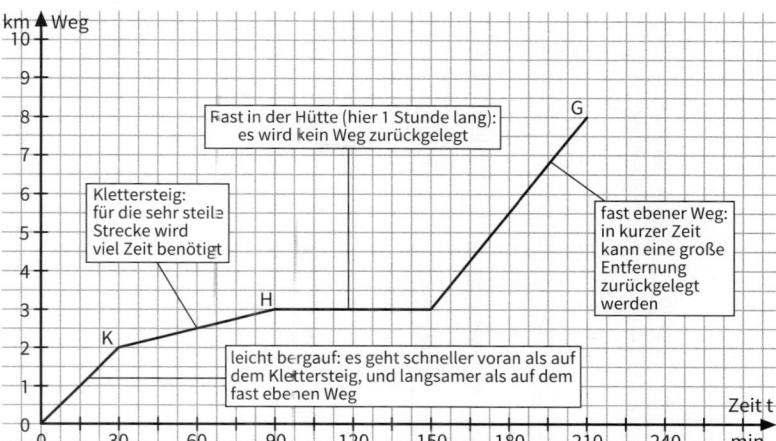

S. 57

1 a) Die Aktie ist von 33,90 € (Grundwert G) um 3,70 € (Prozentwert W) auf 30,20 € gesunken.

$$p\% = \frac{3,70\,€}{33,90\,€} \qquad p\% \approx 0,109 = 10,9\%$$

b) $\frac{33,60\,€ + 32,10\,€ + 34,10\,€ + 34,60\,€ + 33,90\,€ + 30,20\,€}{6} = 33,08\overline{3}\,€$

Den Durchschnitt des letzten Jahres hat die Aktie nicht erreicht.

c) Der Eindruck entsteht dadurch, dass die €-Achse nicht bei 0 €, sondern bei 30 € beginnt.

d)
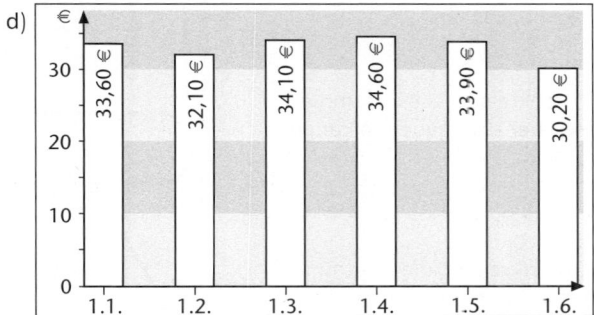

2 a) 80 % (24 von 30) der Mädchen und Jungen aus der Klasse 7a haben an der Umfrage teilgenommen.

b) Die Klasse 7b besteht zu 50 % aus Mädchen und zu 50 % aus Jungen (50 % entspricht 180°).
87,5 % (14 von 16) der Mädchen wurden befragt (87,5 % von 180° = 157,5°).
75 % (12 von 16) der Jungen wurden befragt (75 % von 180° = 135°).

c) Da wegen der Mehrfachantworten die Summe der Prozentsätze über 100 % beträgt, eignet sich nur ein Säulendiagramm zur Darstellung der Ergebnisse.

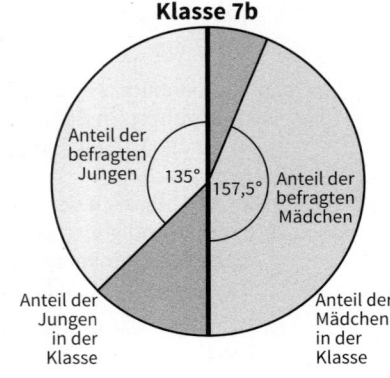

S. 58

1 a) $x^2 = (3,4\text{ cm})^2 + (3\text{ cm})^2$
$x^2 = 23,24\text{ cm}^2$
$x \approx 4,5\text{ cm}$

b) $(3,8\text{ cm})^2 + x^2 = (4,5\text{ cm})^2$
$14,44\text{ cm}^2 + x^2 = 20,25\text{ cm}^2$
$x^2 = 5,81\text{ cm}^2$
$x \approx 2,4\text{ cm}$

c) $(4\text{ cm})^2 + x^2 = (5,6\text{ cm})^2$
$16\text{ cm}^2 + x^2 = 31,36\text{ cm}^2$
$x^2 = 15,36\text{ cm}^2$
$x \approx 3,9\text{ cm}$

d) $(3,8\text{ cm})^2 + x^2 = (5,1\text{ cm})^2$
$14,44\text{ cm}^2 + x^2 = 26,01\text{ cm}^2$
$x^2 = 11,57\text{ cm}^2$
$x \approx 3,4\text{ cm}$

$x^2 + y^2 = (4\text{ cm})^2$
$11,57\text{ cm}^2 + y^2 = 16\text{ cm}^2$
$y^2 = 4,43\text{ cm}^2$
$y \approx 2,1\text{ cm}$

S.58

2 Der Streckenzug besteht aus 8 Strecken. Eine Möglichkeit, das Haus in einem Zug zu zeichnen und dabei keine Strecke zweimal zu durchlaufen, ist A→B→C→D→E→C→A→D→B.
Die Seiten des Quadrats ABCD sind 4 cm lang. Die Längen der anderen Strecken lassen sich durch Anwendung des Satzes des Pythagoras berechnen.

$(\overline{AC})^2 = (\overline{AB})^2 + (\overline{BC})^2$
$(\overline{AC})^2 = (4 \text{ cm})^2 + (4 \text{ cm})^2$
$(\overline{AC})^2 = 32 \text{ cm}^2$
$\overline{AC} \approx 5{,}7 \text{ cm}$

Die Diagonalen eines Quadrats sind gleich lang, also gilt $\overline{AC} = \overline{BD} \approx 5{,}7 \text{ cm}$
Das Dreieck DCE ist rechtwinklig, also gilt: $(\overline{DE})^2 + (\overline{CE})^2 = (\overline{CD})^2 = (4 \text{ cm})^2$
Das Dreieck DCE ist auch gleichschenklig, d.h. $\overline{CE} = \overline{DE}$ und $(\overline{CE})^2 = (\overline{DE})^2$
Dann ist $(\overline{CE})^2 + (\overline{DE})^2 = 2 \cdot (\overline{CE})^2 = (4 \text{ cm})^2$

$$2 \cdot (\overline{CE})^2 = 16 \text{ cm}^2 \quad | :2$$
$$(\overline{CE})^2 = 8 \text{ cm}^2$$
$$\overline{CE} \approx 2{,}8 \text{ cm}$$

Die Länge des gesamten Streckenzugs beträgt dann $4 \cdot 4 \text{ cm} + 2 \cdot 5{,}7 \text{ cm} + 2 \cdot 2{,}8 \text{ cm} \approx 33 \text{ cm}$.

3 Die Länge des Tragseils kann mithilfe des Satzes des Pythagoras berechnet werden.

$s^2 = (62 \text{ m})^2 + (130 \text{ m})^2$
$s^2 = 20\,744 \text{ m}^2$
$s \approx 144 \text{ m}$

Da es aber kaum möglich ist, ein langes Seil so straff zu spannen, dass es wie eine Gerade zwei Punkte verbindet, wird das Tragseil in Wirklichkeit etwas länger sein.

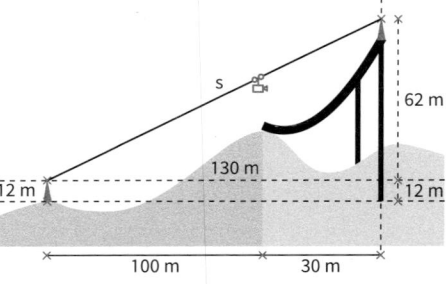

S.59

1 Das Plastikband besteht aus zwei Halbkreisen, die zusammen einen Kreis bilden, und zwei Strecken der angegebenen Längen.
$l = 6r + 6r + 2\pi r$
$l = 6 \cdot 5 \text{ cm} + 6 \cdot 5 \text{ cm} + 2\pi \cdot 5 \text{ cm}$
$l \approx 91{,}4 \text{ cm}$

2 Das Plastikband besteht aus drei Drittelkreisen, die zusammen einen Kreis bilden, und drei Strecken der angegebenen Längen.
$l = 4r + 4r + 4r + 2\pi r = 12r + 2\pi r$
$l = 12 \cdot 6 \text{ cm} + 2\pi \cdot 6 \text{ cm}$
$l \approx 109{,}7 \text{ cm}$

Zum Lupenbild: α ist 60°, weil der Winkel zu einem gleichseitigen Dreieck gehört. In dem gezeichneten Viereck gilt:
$\alpha + \beta + 2 \cdot 90° = 360°$, also muss $\beta = 120°$ betragen.

3 a) $\alpha = 60°$, nämlich der sechste Teil des Vollwinkels 360°;
β und γ sind gleich groß, weil das Dreieck gleichschenklig ist;
wegen der Winkelsumme von 180° gilt: $\beta = \gamma = 60°$.
Das Dreieck FME ist also gleichseitig.

b) Die einzelnen Teilstrecken sind jeweils 8 cm lang, wie aus den Überlegungen zu Teilaufgabe a) folgt.
$u_6 = 6 \cdot 8 \text{ cm} = 48 \text{ cm}$

c) $u_k = 2 \cdot \pi \cdot 8 \text{ cm} \approx 50{,}3 \text{ cm}$
$u_6 = 48 \text{ cm}$ \qquad Der Kreis ist also um 2,3 cm größer.

$2{,}3 \text{ cm}$ von $48 \text{ cm} = \dfrac{2{,}3}{48} \approx 0{,}048 = 4{,}8\,\%$

Der Umfang des Kreises ist etwa 4,8 % größer als der Umfang des Sechsecks.

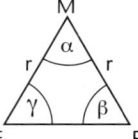

S. 59

d) *1. Möglichkeit:*
Nach dem Satz des Pythagoras gilt:
$h^2 + (4\ cm)^2 = (8\ cm)^2$
$h^2 + 16\ cm^2 = 64\ cm^2 \quad | - 16\ cm^2$
$\qquad h^2 = 48\ cm^2$
$\qquad h \approx 6{,}93\ cm$

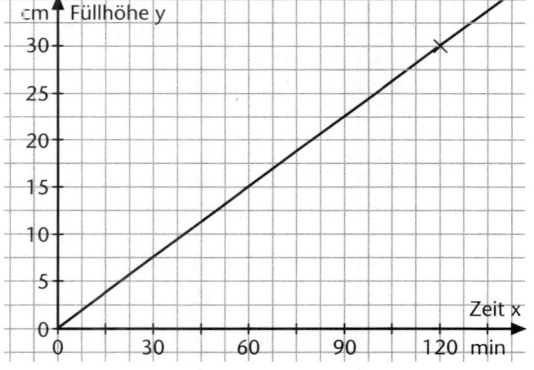

$A = \frac{a+c}{2} \cdot h \qquad A \approx \frac{16\ cm + 8\ cm}{2} \cdot 6{,}93\ cm$

$\qquad\qquad\qquad\qquad A \approx 83{,}16\ cm^2$

2. Möglichkeit:
ohne Trapezformel: Das Trapez besteht aus drei Dreiecken mit der Grundseite 8 cm und der Höhe 6,93 cm.

$A = 3 \cdot \frac{8\ cm \cdot 6{,}93\ cm}{2}$

$A = 83{,}16\ cm^2$

e) Der Flächeninhalt vervierfacht sich (Streckfaktor: $k = 2$, $k^2 = 4$). Der Umfang verdoppelt sich ($k = 2$).

4 Für das Quadrat gilt: $A = 0{,}25\ m^2$
$\qquad\qquad\qquad\qquad a^2 = 0{,}25\ m^2$
$\qquad\qquad\qquad\qquad a = 0{,}5\ m$
Der Kreis hat einen Durchmesser von 0,5 m und deshalb einen Radius von 0,25 m.

a) $A_K = \pi \cdot (0{,}25\ m)^2 \qquad u_K = 2\pi \cdot 0{,}25\ m$
$\quad A_K \approx 0{,}196\ m^2 \qquad\qquad u_K \approx 1{,}57\ m$

b) Von 0,25 m² Platte werden $0{,}25\ m^2 - 0{,}196\ m^2 = 0{,}054\ m^2$ als Abfall abgesägt.
Abfall in %: $p\ \% = \frac{0{,}054\ m^2}{0{,}25\ m^2} = 0{,}216 = 21{,}6\ \%$ Abfall

S. 60

1 a) Das Volumen des Quaders berechnet sich aus $40\ cm \cdot 15\ cm \cdot 30\ cm = 18\,000\ cm^3$.

b) Pro Minute fließen 150 cm³ in den Behälter ein, für 18 000 cm³ werden dann

$18\,000\ cm^3 : \frac{150\ cm^3}{min} = 120$ Minuten, also 2 h benötigt.

c) Da der Behälter gleichmäßig gefüllt wird, ist die zugehörige Funktion linear und der Funktionsgraph eine Gerade. Um den Graph zeichnen zu können, braucht man nur zwei Punkte.
– Der Graph verläuft durch den Punkt P (0|0), da der Behälter zu Beginn keine Flüssigkeit enthält, die Füllhöhe also 0 cm beträgt.
– Nach 120 Minuten ist der Behälter voll, d. h. die Füllhöhe nach 120 Minuten entspricht der Höhe des Behälters, nämlich 30 cm. Damit kennen wir einen zweiten Punkt des Graphen: Q (120|30).

d) Die zugehörige Funktionsgleichung hat die Form $y = m \cdot x + n$.
$n = 0$, weil der Behälter zu Beginn leer ist.
Den Wert für m kann man aus dem Graphen ablesen: $m = \frac{30}{120} = \frac{1}{4}$.

Die gesuchte Funktionsgleichung lautet also: $y = 0{,}25x$.

2 a) $V = \qquad\quad V_1 \qquad + \qquad V_2$
$\quad V = 40\ cm \cdot 15\ cm \cdot 10\ cm + 20\ cm \cdot 15\ cm \cdot 20\ cm$
$\quad V = \qquad\ 6\,000\ cm^3 \qquad + \qquad 6\,000\ cm^3$
$\quad V = \qquad\qquad\qquad 12\,000\ cm^3$
Da 150 cm³ in der Minute in den Behälter fließen, dauert der Füllvorgang
$12\,000\ cm^3 : 150\ \frac{cm^3}{min} = 80\ min$.

S.60

b) Bei diesem zusammengesetzten Körper ist auch der zugehörige Graph aus Teilgraphen zusammengesetzt, die jeweils den Füllvorgang eines Teilkörpers beschreiben. Der Teilkörper 1 ist in 6 000 cm³ : 150 $\frac{cm^3}{min}$ = 40 Minuten gefüllt. Die Füllhöhe beträgt zu diesem Zeitpunkt 10 cm. Die Punkte (0|0) und (40|10) bestimmen diesen Teil des Graphen. Der Teilkörper 2 ist ebenfalls in 40 Minuten gefüllt. Die Füllhöhe beträgt anfangs 10 cm, bei vollständig gefülltem Körper 30 cm. Die Punkte (40|10) und (80|30) bestimmen diesen Teil des Graphen.

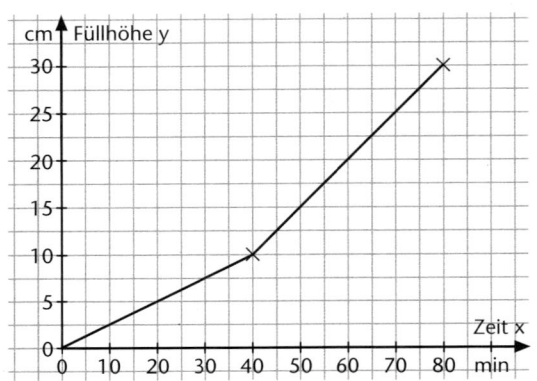

3 a)

Gefäß	Graph	mögliche Begründung
A	④	Der untere Teil des Körpers hat einen geringeren Querschnitt als der obere. Bei gleichmäßiger Befüllung muss der Graph also einen Wechsel von einem schnelleren zu einem langsameren Füllvorgang zeigen. Da es sich bei beiden Teilkörpern um Quader handelt, verläuft der Füllvorgang stückweise linear.
B	③	Der untere Teil des Körpers hat einen geringeren Querschnitt als der obere. Bei gleichmäßiger Befüllung muss der Graph also einen Wechsel von einem schnelleren zu einem langsameren Füllvorgang zeigen. Da der obere Teil die Form eines Kegelstumpfes besitzt, verläuft der Füllvorgang nur für den unteren Teil anfangs linear.
C	①	Für Quader D und Quader C sind die Füllvorgänge linear. Da die Grundfläche des Quaders D größer ist als die des Quaders C, verläuft der Füllvorgang des Quaders D deutlich langsamer als der des Quaders C. Der Graph mit der geringeren Steigung gehört also zum Quader D.
D	②	

b) Eine mögliche Lösung ist ein aus drei Teilquadern zusammengesetztes Gefäß:

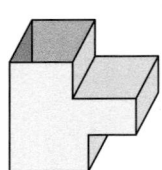

S.61

1 Richtig ist: „jeder Vierte" und 25 %.   (4 helle Steine von insgesamt 16 Steinen)

2 (1) → (D)   jeder Zweite → 50 %
(2) → (E)   fast die Hälfte → 49 %
(3) → (A)   10 % → ein Zehntel
(4) → (B)   niemand → 0 %
(5) → (C)   100 % → alle

3 (A) Jeder vierte Junge bedeutet: Unter 100 Jungen befinden sich 25 Jungen, die aktives Mitglied eines Sportvereins sind.
Die Angabe von 4 % im Text ist also falsch.
Richtig müsste es heißen:
Jeder vierte Junge (25 %) der Klassenstufe 10 ist aktives Mitglied eines Sportvereins.

(B) Ein Zwanzigstel und 5 % beschreiben den gleichen Anteil, denn:
$\frac{1}{20} = \frac{5}{100} = 5\%$. Daher ist die Formulierung „Letztes Jahr waren es sogar 5 %" falsch.
Richtig müsste es heißen:
Letztes Jahr waren es ebenfalls 5 %.

(C) Ein Fünftel aller Siebtklässler bedeutet: Von 100 Siebtklässlern kommen 20 mit dem Bus zur Schule, also 20 %.
Da ein Anteil von 25 % größer ist als ein Anteil von 20 %, ist die Formulierung „Unter den Achtklässlern sind es mit 25 % deutlich weniger" falsch.
Richtig müsste es heißen:
Unter den Achtklässlern sind es mit 25 % deutlich mehr.

S.61

4 Die Meldung beinhaltet zwei Fehler.
- Der erste Fehler steckt in der Formulierung „Die letzte Saison fiel dagegen deutlich besser aus". Jedes dritte Spiel zu gewinnen bedeutet z. B., bei vier von zwölf Spielen als Sieger vom Platz zu gehen.
Jedes sechste Spiel zu gewinnen bedeutet dagegen in diesem Beispiel, nur bei zwei von zwölf Spielen siegreich zu sein.
- Der zweite Fehler liegt in der Angabe „Steigerung um 50 %". Tatsächlich gewinnt die C-Mannschaft nur noch halb so viele Spiele; richtig wäre es, von einer Verminderung um 50 % zu sprechen.

5 Die Meldung beinhaltet zwei Fehler.
Der erste mathematische Fehler steckt in der Formulierung „nur noch".
Früher: Jeder zehnte Autofahrer rast. Heute: Jeder fünfte Autofahrer rast.
Wenn also heute jeder fünfte statt früher jeder zehnte Autofahrer zu schnell fährt, dann hat sich die Zahl der Raser erhöht.
Der zweite Fehler liegt in der Angabe „fünf Prozent".
Jeder fünfte Autofahrer bedeutet, dass sich unter jeweils fünf Autofahrern ein Raser befindet.
Unter 100 Autofahrern sind dann 20 Raser zu finden, also: 20 von 100 oder 20 % der Autofahrer fahren zu schnell.
Richtig müsste die Meldung also lauten: „Fuhr vor einigen Jahren noch jeder zehnte Autofahrer zu schnell, so ist es heute sogar jeder fünfte. 20 Prozent sind natürlich viel zu viel, und so wird weiterhin kontrolliert, und die Schnellfahrer haben zu zahlen."

S.62

1 a) Die Länge der Strecke $\overline{OM}$ entspricht dem y-Achsen-Abschnitt der Parabel.
Der Punkt M hat die x-Koordinate 0.
Für x = 0 gilt $y = -0,04 \cdot 0^2 + 38$
$y = 38$
Die Länge der Strecke $\overline{OM}$ beträgt demnach 38 m.

$y = -0,04x^2 + 38$

b) Die Punkte A und B liegen symmetrisch zur y-Achse auf der x-Achse. Dabei ist y = 0, also ist die Gleichung
$0 = -0,04x^2 + 38$ zu lösen.
$0,04x^2 = 38$ $|: 0,04$

$x^2 = \dfrac{38}{0,04}$

$x^2 = 950$
$x_1 = \sqrt{950}$ oder $x_2 = -\sqrt{950}$
$x_1 \approx 30,8$ $x_2 \approx -30,8$
Die Strecke $\overline{AB}$ ist rund 61,6 m lang (30,8 · 2).

2 Gesucht ist die positive Nullstelle der Parabel.
$-0,08x^2 + 0,4x + 0,7 = 0$ $|: (-0,08)$
$x^2 - 5x - 8,75 = 0$
$x_{1/2} = 2,5 \pm \sqrt{6,25 + 8,75}$
$x_{1/2} = 2,5 \pm \sqrt{15}$
$x_{1/2} \approx 2,5 \pm 3,87$
$x_1 \approx 6,37$; x_2 ist negativ und spielt in diesem Sachzusammenhang keine Rolle.
Der Springer setzt 6,37 m vom Absprungbalken entfernt im Sand auf.

3 Der Mittelpunkt M des Korbringes hat die Koordinaten M(11,2|2,52). Dabei ergibt sich 11,2 m als die Differenz von 14 m und 2,80 m.
Für den Funktionswert der Parabel an dieser Stelle gilt:
$y = -0,032 \cdot 11,2^2 + 0,387 \cdot 11,2 + 2,2$
$= -4,01408 + 4,3344 + 2,2 = 2,52032 \approx 2,52$
Elke trifft den Korbring fast genau in der Mitte.

S. 62

4 a) Der Punkt $(0|0)$ gehört zum Graphen der Funktion:
$$0 = a \cdot 0^2 + b \cdot 0 + c$$
$$0 = c$$

b) Die Parabel hat eine Funktionsgleichung der Form $y = ax^2 + bx$
Für $P_1(50|14)$ ergibt sich die Gleichung   I. $14 = a \cdot 50^2 + b \cdot 50$
   I. $14 = 2500a + 50b$

Für $P_2(100|0)$ ergibt sich die Gleichung   II. $0 = a \cdot 100^2 + b \cdot 100$
   II. $0 = 10000a + 100b$

Zu lösen ist dann das folgende Gleichungssystem:
I. $2500a + 50b = 14$ $|\cdot(-2)$
II. $10000a + 100b = 0$

I. $-5000a - 100b = -28$
II. $10000a + 100b = 0$ $\Big]+$
         $5000a = -28$
         $a = -0,0056$

Einsetzen von $a = -0,0056$ in II.:
$10000 \cdot (-0,0056) + 100b = 0$
      $-56 + 100b = 0$
         $100b = 56$
           $b = 0,56$

Die Funktionsgleichung heißt $y = -0,0056x^2 + 0,56x$.

S. 63

1 a) Zur Berechnung des Flächeninhalts fehlt die Höhe h, die man mit dem Satz des Pythagoras ermittelt.
$$h^2 + (2,5 \text{ cm})^2 = (11 \text{ cm})^2 \qquad |-(2,5 \text{ cm})^2$$
$$h^2 = (11 \text{ cm})^2 - (2,5 \text{ cm})^2$$
$$h^2 = 114,75 \text{ cm}^2 \qquad |\sqrt{}$$
$$h \approx 10,7 \text{ cm}$$
Das Dreieck ist etwa 10,7 cm hoch.
$$A = \frac{g \cdot h}{2} \approx \frac{5 \text{ cm} \cdot 10,7 \text{ cm}}{2} = 26,75 \text{ cm}^2$$
Der Flächeninhalt des Dreiecks beträgt ca. 26,75 cm².

b) α kann man mit dem Kosinus berechnen.
$$\cos \alpha = \frac{\text{Ankathete von } \alpha}{\text{Hypotenuse}} = \frac{2,5 \text{ cm}}{11 \text{ cm}}$$
$$\cos \alpha = 0,2\overline{27}$$
$$\alpha \approx 76,9°$$
Da das Dreieck gleichschenklig ist, gilt auch $\beta \approx 76,9°$
Für γ arbeitet man mit der Winkelsumme im Dreieck:
$$76,9° + 76,9° + \gamma = 180°$$
$$153,8° + \gamma = 180° \qquad |-153,8°$$
$$\gamma = 26,2°$$
Die Innenwinkel des Dreiecks sind etwa 76,9°, 76,9° und 26,2° groß.

2 a) Berechnung des Flächeninhalts der trapezförmigen Grundfläche:
$$G = \frac{(a+c)}{2} \cdot h = \frac{(4 \text{ cm} + 8 \text{ cm})}{2} \cdot 5 \text{ cm} = 30 \text{ cm}^2$$
Berechnung des Volumens:
$$V = G \cdot h$$
$$V = 30 \text{ cm}^2 \cdot 14 \text{ cm}$$
$$V = 420 \text{ cm}^3$$
Das Werkstück hat ein Volumen von 420 cm³.

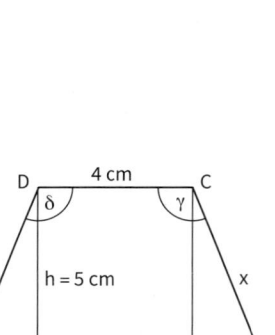

S.63

b) $O = 2G + M$ (Formel Oberflächeninhalt eines Prismas)

Der Mantel M ist ein Rechteck, dessen Länge der Umfang der Grundfläche und dessen Breite 14 cm ist.

Für den Umfang der Grundfläche benötigt man die Länge x (siehe Zeichnung Seite 44), die man mit dem Satz des Pythagoras berechnen kann.

$x^2 = (5\ cm)^2 + (2\ cm)^2$

$x^2 = 25\ cm^2 + 4\ cm^2$

$x^2 = 29\ cm^2 \qquad |\sqrt{\ }$

$x_1 \approx 5,385\ cm \qquad (x_2 = -5,385)$

Der Umfang u der Grundfläche berechnet sich so: $u = 2 \cdot x + 8\ cm + 4\ cm$

$u \approx 10,77\ cm + 12\ cm$

$u \approx 22,77\ cm$

$M = u \cdot h$

$M \approx 22,77\ cm \cdot 14\ cm$

$M \approx 318,78\ cm^2$ \qquad Aus a) ist bekannt: $G = 30\ cm^2$.

$O = 2 \cdot G + M$

$O \approx 2 \cdot 30\ cm^2 + 318,78\ cm^2$

$O \approx 378,78\ cm^2$

Der Oberflächeninhalt des Werkstücks beträgt ca. 378,78 cm².

c) Bei einem gleichschenkligem Trapez gilt $\alpha = \beta$ und $\gamma = \delta$, außerdem $\alpha + \delta = 180°$

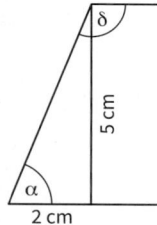

$\tan \alpha = \dfrac{\text{Gegenkathete}}{\text{Ankathete}} = \dfrac{5}{2} = 2,5$

$\tan \alpha = 2,5$

$\alpha \approx 68,2°$

$\delta = 180° - \alpha$

$\delta \approx 180° - 68,2°$

$\delta \approx 111,8°$

Die Innenwinkel der Trapezfläche sind etwa 68,2°, 68,2°, 111,8° und 111,8° groß.

3 a) Der Strafraum mit Torraum ist ein Rechteck mit einer Breite von 16,5 m und einer Länge von 16,5 m + 7,32 m + 16,5 m, also 40,32 m.

$A_1 = 16,5\ m \cdot 40,32\ m$

$A_1 = 665,28\ m^2$

Der Torraum ist 5,5 m breit und 18,32 m lang.

$A_2 = 5,5\ m \cdot 18,32\ m$

$A_2 = 100,76\ m^2$

$A_1 - A_2 = 665,28\ m^2 - 100,76\ m^2$

$\qquad\quad = 564,52\ m^2$

Der Strafraum außerhalb des Torraums ist ungefähr 565 m² groß.

b) Zunächst wird die Entfernung y vom 11-m-Punkt bis zum Fußpunkt des Tores mithilfe des Satzes des Pythagoras berechnet (siehe Zeichnung). 3,66 m ist die Hälfte von 7,32 m.

$y^2 = (11\ m)^2 + (3,66\ m)^2$

$y^2 = 134,3956\ m^2 \qquad (y \approx 11,59\ m)$

Für die eigentlich gesuchte Strecke x gilt die zweite Zeichnung.

2,44 m ist die Höhe des Tores.

$x^2 = y^2 + (2,44\ m)^2$

$x^2 = 134,3956\ m^2 + 5,9536\ m^2$

$x^2 = 140,3492\ m^2 \qquad |\sqrt{\ }$

$x \approx 11,85\ m$

Der Ball legt rund 11,85 m zurück.

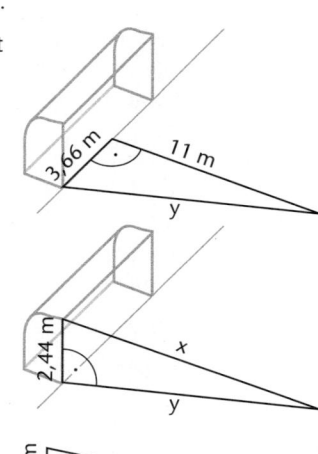

c) $\tan \alpha = \dfrac{\text{Gegenkathete}}{\text{Ankathete}} = \dfrac{2,44}{11,59}$

$\tan \alpha \approx 0,211$

$\alpha \approx 11,9°$

Der Ball hebt unter einem Winkel von knapp 12° vom Boden ab.

S.63

4 Für den Flächeninhalt A eines Parallelogramms gilt:

A = g · h

A = 8,5 cm · 4,2 cm

A = 35,7 cm²

Der Flächeninhalt des Parallelogramms beträgt 35,7 cm².

Für den Umfang benötigt man die Länge b.

$$\sin 70° = \frac{\text{Gegenkathete}}{\text{Hypotenuse}} = \frac{4,2}{b} \qquad | \cdot b$$

$b \cdot \sin 70° = 4,2 \qquad | : \sin 70°$

$b = 4,2 : \sin 70°$

$b \approx 4,47 \text{ cm}$

u = 2a + 2b ≈ 2 · 8,5 cm + 2 · 4,47 cm = 25,94 cm

Der Umfang des Parallelogramms beträgt rund 25,9 cm.

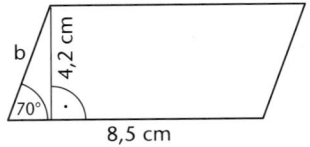

S.64

1 Zunächst wandelt man die Prozentangaben in Dezimalbrüche um:

55 % = 0,55; 35 % = 0,35; 40 % = 0,4

Der gesuchte relative Anteil der Jungen, die mit dem Fahrrad zur Schule kommen, wird mit x bezeichnet.

Folglich ist der relative Anteil der Jungen, die nicht mit dem Fahrrad zur Schule kommen, (1 – x).

Im Baumdiagramm multiplizieren sich die Anteile längs eines Pfades.

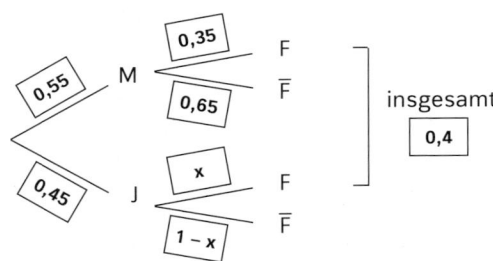

Mädchen mit Fahrrad:

$\underline{0,55}$ M $\underline{0,35}$ F (0,1925) $\Big]$ insgesamt **0,4**

Jungen mit Fahrrad:

$\underline{0,45}$ J $\underline{\cdot x}$ F (0,45x)

Daraus ergibt sich die folgende Gleichung:

0,1925 + 0,45x = 0,4 $\qquad |- 0,1925$

0,45x = 0,2075 $\qquad | : 0,45$

x ≈ 0,461

Etwa 46 % der Jungen kommen mit dem Fahrrad zur Schule.

2 a) Wir wissen, dass zwei Drittel ($\frac{2}{3} \approx 0,67 = 67\%$) der Konfektstücke die Form eines Quaders besitzen, der Rest (also ein Drittel) ist zylinderförmig.

$\frac{1}{3} \approx 0,33 = 33\%$

b) Zunächst ermitteln wir die Anzahl der zylinderförmigen Konfektstücke: $\frac{1}{3}$ von 60 = 20

Wir wissen, dass 12 Konfektstücke zylinderförmig sind und nach Kokos schmecken.

Folglich gibt es 8 (= 20 – 12) Konfektstücke, die zylinderförmig sind und nach Kakao schmecken.

c) Wir wissen:

$\frac{1}{3}$ von 60 Konfektstücken haben Kakaogeschmack, das sind 20 Stück. Also haben 40 Stück Kokosgeschmack. 12 davon sind zylinderförmig. Der Rest (40 – 12 = 28) hat die Form eines Quaders. Somit gibt es unter den 60 Konfektstücken insgesamt 28 quaderförmige Stücke, die nach Kokos schmecken.

Also: P(quaderförmig und Kokos) = $\frac{28}{60} \approx 0,47 = 47\%$

Hinweis: Man kann die absoluten Häufigkeiten auch übersichtlich in einer Tabelle darstellen.

	Kakao	Kokos	insgesamt
zylinderförmig	20 – 12 = 8	12	20
quaderförmig	12	40 – 12 = 28	40
insgesamt	20	40	60

S. 64

3 a) Die fehlenden Daten ergeben sich durch Rückwärtsrechnen aus den Gesamtzahlen und den Häufigkeiten des Gegenereignisses. Da es 300 Personen sind und 196 Personen die Pizza schmeckt, bleiben 300 – 196 = 104 Personen übrig, denen die Pizza nicht schmeckt. Von den 120 Jugendlichen geben 48 an, dass ihnen die Pizza nicht schmeckt, also haben 120 – 48 = 72 gesagt, dass ihnen die Pizza schmeckt.

Von den 196 Personen, denen die Pizza schmeckt, zieht man die 72 Jugendlichen ab und erhält, dass 124 Erwachsenen die Pizza schmeckt. Entsprechend berechnet man die Anzahl der Erwachsenen, denen die Pizza nicht schmeckt: 104 – 48 = 56.

Addiert man 124 und 56 erhält man die Anzahl aller Erwachsenen, also 180. Dieses Ergebnis kann man auch ermitteln, indem man von den 300 Personen der Umfrage die 120 Jugendlichen abzieht: 300 – 120 = 180 (Erwachsene). Die Tabelle ermöglicht damit ganz automatisch auch eine Probe der Rechnung.

	schmeckt	schmeckt nicht	gesamt
Erwachsene	**124**	56	**180**
Jugendliche	**72**	48	120
gesamt	196	**104**	300

b) Es gibt 180 Erwachsene. Davon geben 56 an, dass ihnen die Pizza nicht schmeckt. Damit ist die Wahrscheinlichkeit, dass einem Erwachsenen die Pizza nicht schmeckt:

$p = \frac{56}{180} = \frac{14}{45} \approx 31\,\%$.

S. 65

1 1 Stunde   für   72 km
30 Minuten   für   36 km
1 Stunde 30 Minuten für 108 km
Die Bahnstrecke ist 108 km lang.

2 a) Beispiele:
Für Wohnen/Energie geben die Bundesbürger etwa fünfmal so viel aus wie für Telekommunikation.
Für Freizeit/Kultur geben die Bundesbürger etwa doppelt so viel aus wie für Gaststätten/Hotels.
Für Essen/Trinken geben die Bundesbürger etwa doppelt so viel aus wie für Kleidung/Schuhe.

b) Familie Wagner gibt für Wohnen/Energie etwa 9 600 € aus (das 30-Fache von 320 €), für Verkehr etwa 4 200 € (das 30-Fache von 140 €).

S. 66

1 $\cdot 2 \begin{cases} u_1 = 2a + 2b \\ u_2 = 2 \cdot (2a) + 2 \cdot (2b) \\ u_2 = 2\,(2a + 2b) \end{cases}$

[x] Der Umfang verdoppelt sich.

2 $A_1 = \pi\,r^2 \xrightarrow{\quad\cdot 16\quad}$
$A_2 = \pi \cdot (4r)^2 \to A_2 = \pi \cdot 16r^2 \to A_2 = 16 \cdot (\pi r^2)$

[x] Der Flächeninhalt versechzehnfacht sich.

3 $V_1 = a^3 \xrightarrow{\quad\cdot\frac{1}{8}\quad}$
$V_2 = (\frac{1}{2}a)^3 \to V_2 = \left(\frac{1}{2}\right)^3 \cdot a^3 \to V_2 = \frac{1}{8}a^3$

Das Volumen verringert sich auf ein Achtel.

4 Nennt man den Radius der kleinen Kugeln r, so hat die große Kugel den Radius 2r.
4 · V_1 ist das gesamte Volumen aller kleinen Kugeln, V_2 das Volumen der großen Kugel.

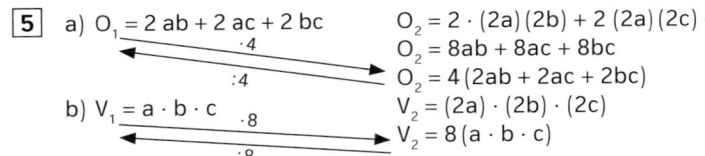

$$4V_1 = 4 \cdot \frac{4}{3}\pi \cdot r^3 \qquad V_2 = \frac{4}{3}\pi(2r)^3$$

$$4V_1 = \frac{16}{3}\pi r^3 \qquad V_2 = \frac{4}{3}\pi \cdot 8r^3$$

$$V_2 = \frac{32}{3}\pi r^3$$

·2 :2

Die vier kleinen Kugeln haben zusammen das halbe Volumen der großen Kugel, wiegen also zusammen 3,5 kg.

5 a) $O_1 = 2\,ab + 2\,ac + 2\,bc$ $\qquad O_2 = 2 \cdot (2a)(2b) + 2\,(2a)(2c) + 2\,(2b)(2c)$

·4 :4

$O_2 = 8ab + 8ac + 8bc$

$O_2 = 4\,(2ab + 2ac + 2bc)$ $\qquad$ Der Oberflächeninhalt vervierfacht sich.

b) $V_1 = a \cdot b \cdot c$ $\qquad V_2 = (2a) \cdot (2b) \cdot (2c)$

·8 :8

$V_2 = 8\,(a \cdot b \cdot c)$ $\qquad$ Das Volumen verachtfacht sich.

6 Generell gilt: Werden die Kantenlängen im Körper um den Faktor k vergrößert oder verkleinert, vergrößert oder verkleinert sich der Oberflächeninhalt um den Faktor k^2 und das Volumen um den Faktor k^3. Im Bild wird deutlich, dass die gesamte Pyramide aus der Pyramidenspitze entsteht, wenn man die Kanten um den Faktor 4 vergrößert (Ähnlichkeit).

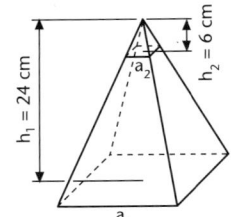

a) Die gesamte Pyramide hat das 4^3-Fache, also das 64-Fache Volumen der Spitze. Deshalb wiegt die abgeschnittene Spitze 31,25 g (2000 g : 64).

b) Die gesamte Pyramide hat die 4^2-Fache, also die 16-Fache Oberfläche der Spitze. Deshalb ist der Wert ⊠ $\frac{1}{16}$ anzukreuzen.

1 a)

Euro	US-Dollar
6 360 000	7 850 000
636	785
1	$\frac{785}{636} \approx 1,2343$

b) Silber 90 %:
1 cm³ · 0,9 · 10,5 $\frac{g}{cm^3}$ = 9,45 g
Kupfer 10 %:
1 cm³ · 0,1 · 8,9 $\frac{g}{cm^3}$ = 0,89 g

1 cm³ der Silberlegierung hat eine Masse von 10,34 g.

Dichte der Silberlegierung: 10,34 $\frac{g}{cm^3}$

c) Angaben aus der Tabelle:
Masse: 27 g $\qquad$ Dichte: 10,34 $\frac{g}{cm^3}$

Durchmesser der Münze: d = 4 cm
Radius der Münze: r = 2 cm
1. Schritt: Bestimmung des Volumens:

Masse (g) = Dichte $(\frac{g}{cm^3})$ · V (cm³), also V = $\frac{27}{10,34}$ cm³ ≈ 2,6 cm³

2. Schritt: Bestimmung der Dicke der Münze:
Da der Dollar die Form eines Zylinders hat, nutzt man die Volumenformel
V = π · r² · h und formt sie nach h um:

h = $\frac{V}{\pi \cdot r^2}$ = $\frac{2,6 \text{ cm}^3}{\pi \cdot (2 \text{ cm})^2}$ ≈ 0,2 cm = 2 mm

Der Silberdollar ist etwa 2 mm dick.

d) Materialwert: 0,80 $\frac{€}{g}$ · 27 g = 21,60 €
Rekordsumme: 7 850 000 Dollar
G = 21,60 € $\qquad$ (Materialwert)
W = 6 360 000 € $\qquad$ (Rekordsumme)

W = $\frac{G \cdot p}{100}$, also p = $\frac{W}{G}$ · 100 = $\frac{6\,360\,000\,€}{21,60\,€}$ · 100 ≈ 29 444 444

Der Verkaufspreis entspricht mehr als 29 Mio. % des Materialwerts.

S. 67

2 a) Folgende Maße sind gegeben:

$d = 12$ cm, also $r = 6$ cm

$\tan 45° = \dfrac{h}{r}$, also $h = r = 6$ cm

Aufgrund seiner Form eignet sich die Volumenformel des Kegels zur weiteren Berechnung.

$V = \dfrac{\pi \cdot r^2 \cdot h}{3}$, $V = \dfrac{\pi \cdot (6)^2 \cdot 6}{3}$ cm$^3 \approx 226$ cm^3

Aus $m = 250$ g und $V = 226$ cm^3 folgt:

1 cm^3 Mehl wiegt 250 g : 226 $\approx$ 1,1 g.

b) Gegeben ist: $m = 500$ g

Berechnung der Höhe h:

Aus $\tan 45° = \dfrac{h}{r}$ folgt: $h = r$

Dann gilt für alle Mehlkegel: $V = \dfrac{\pi \cdot r^2 \cdot r}{3} = \dfrac{\pi \cdot r^3}{3}$

Daraus folgt $r = \sqrt[3]{\dfrac{3 \cdot V}{\pi}}$

Also: $r \approx \sqrt[3]{\dfrac{3 \cdot 452}{\pi}}$ cm $\approx 7,6$ cm

Der Schüttkegel aus 500 g Mehl hätte eine Höhe von etwa 7,6 cm.

S. 68

1 a) $K_4 = 2\,000$ € $\cdot 1,014^4 \approx 2\,114,37$ €

b) $K_0 = \dfrac{751,84 \text{ €}}{1,016} = 740$ €

c) Die Laufzeit n ergibt sich aus der Gleichung

$1\,560$ € $\cdot 1,015^n = 1\,705,77$ € $|:1\,560$ €

$\qquad 1,015^n \approx 1,09344$

Durch systematisches Probieren verschiedener Werte für n erhält man:

Für $n = 6$ stimmt die Gleichung in etwa.

Die Laufzeit beträgt etwa 6 Jahre.

2 Da die Verdoppelungszeit des Kapitals 44 Jahre beträgt, wird es weder 100 noch 135 Jahre dauern, bis sich das Kapital vervierfacht hat. Diese Zeiträume sind zu lang. Schauen wir uns nochmals die zugehörige Zinseszinsformel an:

$K_n = 2\,000$ € $\cdot (1,016)^n$

Eine Vervierfachung tritt dann ein, wenn der Ausdruck $q = 1,016^n$ den Wert 4 annimmt.

$1,016^{66} \approx 2,85$; $1,016^{88} \approx 4,04$; $1,016^{100} \approx 4,89$; $1,016^{135} \approx 8,52$

Alternativlösung:

$1,016^{44} \approx 2$ (nach Information) $\rightarrow$ $(1,016^{44})^2 \approx 2^2$, also $1,016^{88} \approx 4$

Richtig ist also ⌧ etwa 88 Jahre.

3 a) Aus dem Diagramm ist abzulesen: 1 000 € sind nach 59 Jahren etwa erreicht.

b) Folgende Daten sind bekannt: $K_0 = 500$ €; $K_n = 1\,000$ €, $n = 59$ Jahre.

Gesucht ist der Zinssatz p %.

Eingesetzt in die Formel ergibt sich:

$$K_n = K_0 \cdot \left(1 + \frac{p}{100}\right)^n$$

$1\,000$ € $= 500$ € $\cdot \left(1 + \dfrac{p}{100}\right)^{59}$ $|:500$ €

$\qquad 2 = \left(1 + \dfrac{p}{100}\right)^{59}$ $|\sqrt[59]{}$

$\qquad \sqrt[59]{2} = 1 + \dfrac{p}{100}$

$1,0118175 = 1 + \dfrac{p}{100}$ $|-1$

$\qquad \dfrac{p}{100} \approx 0,0118 \approx 0,012$

Der Zinssatz beträgt damit 1,2 %.

c) Da die Höhe des Betrages keinen Einfluss auf die Verdoppelungszeit hat, dauert es bei einem Zinssatz von 1,2 % ebenfalls etwa 59 Jahre, bis sich ein Kapital von 50 000 € verdoppelt hat.

S.69

1 Es gibt 36 mögliche Ergebnisse.

a) günstige Ergebnisse:

(1;2) (2;1) (3;1) (4;1) (5;1) (6;1)
(1;3) (2;3) (3;2) (4;2) (5;2) (6;2)
(1;4) (2;4) (3;4) (4;3) (5;3) (6;3)
(1;5) (2;5) (3;5) (4;5) (5;4) (6;4)
(1;6) (2;6) (3;6) (4;6) (5;6) (6;5)

$$P = \frac{30}{36} = \frac{5}{6}$$

Alternative Lösung: Berechnung mit dem Gegenereignis

P (zwei verschiedene Zahlen) = 1 − P (zwei gleiche Zahlen) = $1 - \frac{6}{36} = \frac{5}{6}$

b) günstige Ergebnisse:

(4;6)
(5;5) (5;6)
(6;4) (6;5) (6;6)

$$P = \frac{6}{36} = \frac{1}{6}$$

c) günstige Ergebnisse:

(1;1) (3;1) (5;1)
(1;3) (3;3) (5;3)
(1;5) (3;5) (5;5)

$$P = \frac{9}{36} = \frac{1}{4}$$

2 Die jeweils günstigen Ergebnisse kann man der Tabelle in Aufgabe ⑯ entnehmen.

P (Augensumme 12) = P (6;6) = $\frac{1}{36}$

P (Augensumme 7) = $\frac{6}{36} = \frac{1}{6}$ [günstig: (1;6), (2;5), (3;4), (4;3), (5;2), (6;1)]

Laut Spielregel muss Julian 5-mal so oft die Augensumme 7 erzielen wie Lara die Augensumme 12.

Tatsächlich tritt die Augensumme 7 aber bei einer großen Zahl von Versuchen 6-mal so oft wie die

Augensumme 12 auf $\left(\frac{1}{36} \cdot 6 = \frac{6}{36} \right)$.

Julian hat also die besseren Gewinnchancen.

3 Wir zeichnen ein Baumdiagramm.

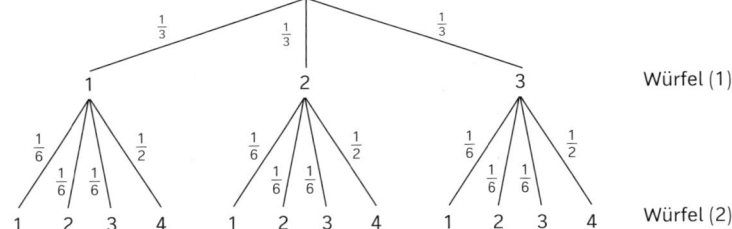

a) P (gerade Augensumme) = P (1;1) + P (1;3) + P (2;2) + P (2;4) + P (3;1) + P (3;3)

$$= \frac{1}{3} \cdot \frac{1}{6} + \frac{1}{3} \cdot \frac{1}{6} + \frac{1}{3} \cdot \frac{1}{6} + \frac{1}{3} \cdot \frac{1}{2} + \frac{1}{3} \cdot \frac{1}{6} + \frac{1}{3} \cdot \frac{1}{6} = \frac{4}{9}$$

b) P (zwei gleiche Zahlen) = P (1;1) + P (2;2) + P (3;3)

$$= \frac{1}{3} \cdot \frac{1}{6} + \frac{1}{3} \cdot \frac{1}{6} + \frac{1}{3} \cdot \frac{1}{6} = \frac{1}{6}$$

c) P (Augensumme 6) = P (2;4) + P (3;3)

$$= \frac{1}{3} \cdot \frac{1}{2} + \frac{1}{3} \cdot \frac{1}{6} = \frac{2}{9}$$

S. 69 **4**

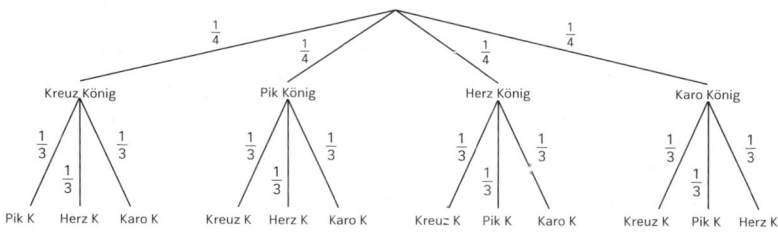

a)   ↑   ↑ $P = \dfrac{2}{12} = \dfrac{1}{6}$

b)   ↑ ↑   ↑ ↑   ↑ ↑   ↑   ↑ $P = \dfrac{8}{12} = \dfrac{2}{3}$

S. 70   **1** G_n ist die Menge der Fruchtfliegen nach n Tagen, q beschreibt den exponentiellen Wachstumsfaktor.

    a) $G_0 = 10$; $q = 1{,}25$; $n = 7$
        $G_7 = 10 \cdot 1{,}25^7 \approx 47{,}7$
        Nach 7 Tagen sind es ca. 48 Fruchtfliegen.

    b) Gesucht ist die Zahl n, für die gilt:
            $10 \cdot 1{,}25^n = 1\,000$ $| : 10$
               $1{,}25^n = 100$ $|$ systematisch Probieren
        $1{,}25^{20} < 100 < 1{,}25^{21}$
        Die Zahl der Fruchtfliegen verhundertfacht sich zwischen dem 20. und 21. Tag.

  2   a) Von 2020 bis 2030 sind es zehn Jahre, also muss mit dem Wachstumsfaktor $(1 + 0{,}045)^{10}$ multipliziert werden: 21 Mio. $\cdot 1{,}045^{10} \approx 32{,}6$ Mio.
        Im Jahr 2030 hätte Mexiko-Stadt etwa 32,6 Mio. Einwohner.

    b) Hier könnte probierend gelöst werden:
        Annahme 15 Jahre: 21 Mio. $\cdot 1{,}045^{15} \approx 40{,}6$ Mio.   Das ist zu viel.
        Annahme 13 Jahre: 21 Mio. $\cdot 1{,}045^{13} \approx 37{,}2$ Mio.   Das ist zu wenig.
        Annahme 14 Jahre: 21 Mio. $\cdot 1{,}045^{14} \approx 38{,}9$ Mio.   Damit sind die 38 Mio. überschritten.
        Mexiko-Stadt würde die 38-Millionen-Grenze im Jahr 2033 überschreiten.

  3   a) jährlicher Verbrauch des Jahres 1997: 8,7 Liter
        jährlicher Verbrauch des Jahres 2019: 7,4 Liter
        $8{,}7\,l - 7{,}4\,l = 1{,}3\,l$

        $1{,}3\,l$ von $8{,}7\,l = \dfrac{1{,}3}{8{,}7} \approx 0{,}15 = 15\,\%$

        2019 ist der Verbrauch um etwa 15 % kleiner als im Jahr 1997.

    b) Nein, der Verbrauch hat nicht pro Jahr um 1 % abgenommen, denn $9{,}0\,l \cdot 0{,}99^{20} \approx 7{,}36\,l$.
        Außerdem zeigt die Tabelle, dass der Abnahmefaktor nicht von Jahr zu Jahr gleich ist.

    c) mögliche Ursachen: Autos werden schwerer, haben mehr Komfort (Klimaanlage, Sitzheizung, Bordcomputer, …), haben mehr Leistung, …

    d) Die y-Achse könnte auf einen kleineren Bereich, z. B. von 6 Liter bis 9 Liter, verkürzt werden. Damit wird der Eindruck erweckt, dass der Benzinpreis drastisch gefallen ist.

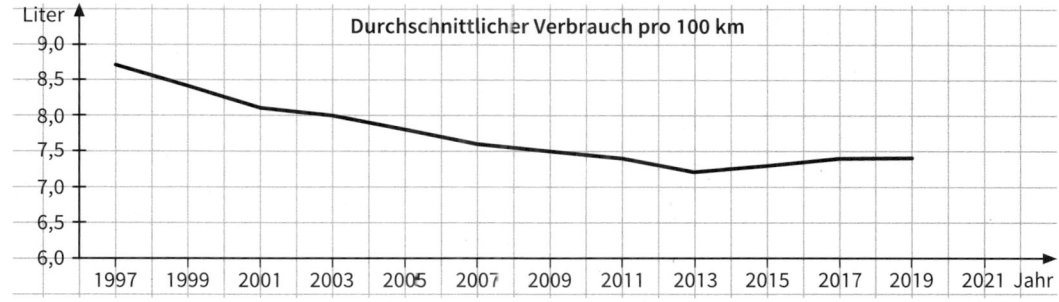

S. 71

1

Zahlenrätsel		Gleichung	Lösung
①	$a + 3a = 8$ $4a = 8 \quad |:4$ $a = 2$	(E)	2
②	$\frac{3a}{8} = \frac{1}{2}a \quad |\cdot 8$ $3a = 4a \quad |-3a$ $0 = a$	(C)	0
③	$3a \cdot 8 = 3 \quad |:3$ $8a = 1 \quad |:8$ $a = \frac{1}{8}$	(A)	$\frac{1}{8}$
④	$3 - \frac{a}{3} = 8 \quad |-3$ $-\frac{a}{3} = 5 \quad |\cdot(-3)$ $a = -15$	(B)	-15

2

Für n = 4 sehen die Muster so aus:	
a) 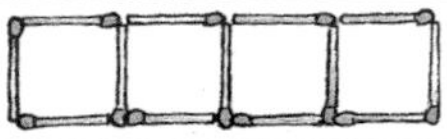	b) 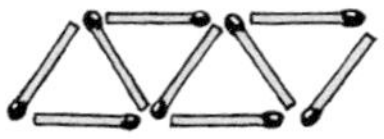
Anzahl der Hölzer: $13 = 1 + 4 \cdot 3$	$9 = 3 + 3 \cdot 2$
Term: $1 + n \cdot 3$	$3 + (n-1) \cdot 2$ oder $1 + 2n$

3 a) Um das Zahlenrätsel als Gleichung aufschreiben zu können, muss der Text in einen Term „über-
setzt" werden:
- Für die gesuchte Zahl schreibt man x.
- „Subtrahieren" steht für die Rechenoperation „–";
- „die Hälfte einer Zahl x" bedeutet „$\frac{1}{2}$x oder 0,5x";
- „ein Drittel der Zahl x" schreibt man als „$\frac{1}{3}$x";
- „erhältst du" steht für das Gleichheitszeichen „=".

Die Gleichung lautet also: $\frac{1}{2}x - \frac{1}{3}x = 4 \quad |\cdot 6$
$$3x - 2x = 24$$
$$x = 24$$
Die Probe am Text bestätigt die Lösung.

b) Um von der Gleichung zu einem passenden Zahlenrätsel zu kommen, ersetzt man die Terme
und Rechenzeichen durch sprachliche Ausdrücke:
- aus „7x" wird „das 7-Fache einer Zahl x"
- „–" entspricht „Subtrahieren" oder „Vermindern"
- „2x" meint „das Doppelte einer Zahl x" oder „das Produkt aus einer Zahl x und 2"
- „7x – 48" ist die Differenz aus „dem 7-Fachen einer Zahl x und 48".

Ein zur Gleichung passendes Zahlenrätsel ist z. B.: „Subtrahiere vom 7-Fachen einer Zahl 48,
so erhältst du das Doppelte der Zahl."
Die Lösung der Gleichung erhält man so: $7x - 48 = 2x \quad |-2x + 48$
$$5x = 48 \quad |:5$$
$$x = 9,6$$

4 Alter von Frau Krause: x
dreifaches Alter minus 5: $3x - 5$
Alter von Frau Krause in 15 Jahren: $x + 15$ $\qquad 3x - 5 = 2(x + 15)$
doppeltes Alter in 15 Jahren: $2(x + 15)$ $\qquad 3x - 5 = 2x + 30$
$$x = 35$$

Frau Krause ist heute 35 Jahre alt.

S.72

1 a) Da genau einmal „45" (Median) genannt wurde, verbleiben 78 Antworten. Davon müssen 39 unter „45" und 39 über „45" liegen.
Das untere Quartil 40 wurde einmal genannt, ebenso das obere Quartil 60, also liegen:

19 Antworten unter 40   1 Antwort genau 40
19 Antworten zwischen 40 und 45   1 Antwort genau 45
19 Antworten zwischen 45 und 60   1 Antwort genau 60
19 Antworten über 60

b) Jedes Befragungsergebnis, das die unter a) genannten Rahmenbedingungen erfüllt, ist möglich und damit als richtig zu bewerten.
Achtung: Die Antworten „0" (vermutlich kein Smartphonebesitz) und „140" müssen jeweils mindestens einmal auftreten.

2 Es gibt insgesamt 25 Noten. Der Median aller Noten steht also an der 13. Stelle, das ist die Note 3. Der Median der unteren Hälfte ist die Note 2 (unteres Quartil) und der Median der oberen Hälfte ist die Note 4 (oberer Quartil).

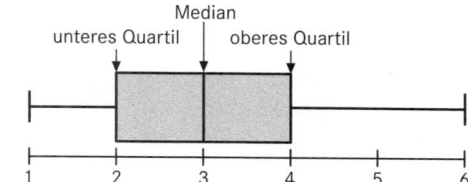

3 a) Die Boxplots sind fast identisch, sie unterscheiden sich nur im oberen Quartil. Aus den Daten im Säulendiagramm berechnet man die Anzahl der Schüler. Die Klasse 10a hat 25 Schüler.

oberes Quartil der 10a: $25 \cdot \frac{3}{4} = 18{,}75$. Der 19. Wert entspricht also 9 Punkten.

(Begründung: 5 Schüler haben mehr als 9 Punkte, 4 Schüler haben genau 9 Punkte.)
Also passt der Boxplot (1) zur 10a.

b) oberes Quartil der 10b: $29 \cdot \frac{3}{4} = 21{,}75$. Der 22. Wert entspricht also 10 Punkten.

Mindestens 4 Schüler müssen 10 Punkte haben. Da 7 Werte fehlen, sind folgende Lösungen möglich:

	Schüler			
10 Punkte	4	5	6	7
9 Punkte	3	2	1	0

S.73

1

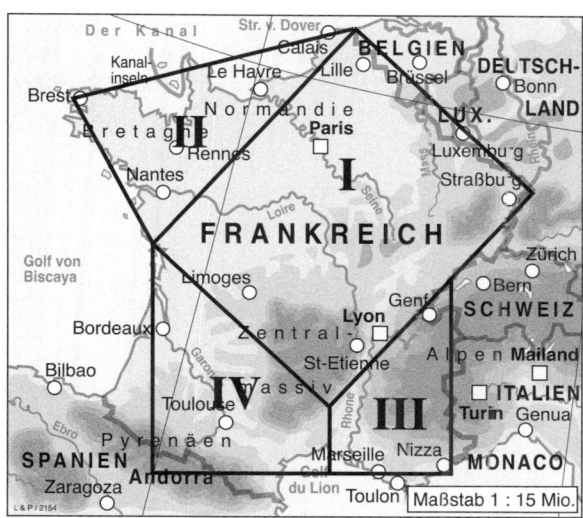

Die Unterteilung Frankreichs in berechenbare Teilflächen kann auf unterschiedliche Art erfolgen; hier ist eine Möglichkeit dargestellt.
Der Maßstab bedeutet: Jeder gemessene Millimeter ist in Wirklichkeit 15 km.

$A_I = 570 \text{ km} \cdot 450 \text{ km} = 256\,500 \text{ km}^2$

$A_{II} = \dfrac{570 \text{ km} \cdot 300 \text{ km}}{2} = 85\,500 \text{ km}^2$

$A_{III} = \dfrac{150 \text{ km} + 390 \text{ km}}{2} \cdot 285 \text{ km} = 76\,950 \text{ km}^2$

$A_{IV} = \dfrac{150 \text{ km} + 480 \text{ km}}{2} \cdot 330 \text{ km}^2 = 103\,950 \text{ km}^2$

$A_{Gesamt} = 522\,900 \text{ km}^2$

Frankreich ohne Korsika ist ca. 523 000 km² groß. (Laut offiziellen Angaben sind es 535 000 km².)

S. 73

2 Es gibt sehr viele Möglichkeiten, die beschädigte Dünenfläche so durch berechenbare Flächen abzudecken, dass sich „Gewinne" und „Verluste" ungefähr ausgleichen.
Eine mögliche Lösung ist hier dargestellt:

Die gemessenen Werte in cm muss man mit 200 multiplizieren, dann erhält man die tatsächliche Entfernung in m.

$A_1 \approx \dfrac{140 \text{ m} + 360 \text{ m}}{2} \cdot 320 \text{ m} = 80\,000 \text{ m}^2$ (Trapez)

$A_2 \approx \dfrac{800 \text{ m} \cdot 300 \text{ m}}{2} = 120\,000 \text{ m}^2$ (Dreieck)

$A_1 + A_2 = 200\,000 \text{ m}^2 = 20 \text{ ha}$

Die vom Sturm beschädigte Fläche ist etwa 20 ha groß.

Maßstab: 1 : 20 000

S. 74

1

a) $2x - 14 = 0$ oder $15 - 3x = 0$
   $\quad x_1 = 7 \qquad\qquad x_2 = 5$

b) $4x^2 - 17 - 3x^2 - 8 = 0$
   $\qquad\quad x^2 - 25 = 0$
   $\qquad\qquad x_1 = 5$
   $\qquad\qquad x_2 = -5$

c) $7x^2 - 6x - 5 - 5x^2 + 18x + 5 = 0$
   $7x^2 - 5x^2 - 6x + 18x - 5 + 5 = 0$
   $\qquad\qquad 2x^2 + 12x = 0$
   $\qquad\qquad 2x\,(x + 6) = 0$
   $\qquad\qquad\qquad x_1 = 0$
   $\qquad\qquad\qquad x_2 = -6$

d) $\qquad 3y^2 - 9y - 37 = 3y - 1 \qquad | -3y + 1$
   $3y^2 - 9y - 3y - 37 + 1 = 0$
   $\qquad 3y^2 - 12y - 36 = 0 \qquad | : 3$
   $\qquad\quad y^2 - 4y - 12 = 0$
   $\qquad\qquad y_{1/2} = 2 \pm \sqrt{4 + 12}$
   $\qquad\qquad y_1 = 2 + 4 = 6$
   $\qquad\qquad y_2 = 2 - 4 = -2$

e) $\qquad (5 + a)^2 + a^2 = 3a + 29$
   $25 + 10a + a^2 + a^2 = 3a + 29 \qquad | -3a - 29$
   $\qquad 2a^2 + 7a - 4 = 0 \qquad | : 2$
   $\qquad a^2 + 3{,}5a - 2 = 0$
   $\qquad\qquad a_{1/2} = -1{,}75 \pm \sqrt{3{,}0625 + 2}$
   $\qquad\qquad a_{1/2} = -1{,}75 \pm 2{,}25$
   $\qquad\qquad a_1 = 0{,}5 \qquad a_2 = -4$

2

a) $\qquad\quad x^2 + 3x = 11x - 7 \qquad | -11x + 7$
   $x^2 + 3x - 11x + 7 = 0$
   $\qquad x^2 - 8x + 7 = 0$
   $\qquad\quad x_{1/2} = 4 \pm \sqrt{16 - 7}$
   $\qquad\quad x_1 = 4 + 3 = 7$
   $\qquad\quad x_2 = 4 - 3 = 1$
   Die Zahl ist 7 oder 1.

b) $(2x - 16)\,(15 - x) = 0$
   $2x - 16 = 0 \qquad$ oder $\qquad 15 - x = 0$
   $\quad 2x = 16 \qquad\qquad\qquad 15 = x$
   $\quad x_1 = 8 \qquad\qquad\qquad x_2 = 15$
   Maik und Elif können 8 oder 15 gewählt haben.

3 $x^2 + 55 = 2x\,(x - 3)$
   $x^2 + 55 = 2x^2 - 6x \qquad | -2x^2 + 6x$
   $\qquad 0 = x^2 - 6x - 55$
   $\qquad x_{1/2} = 3 \pm \sqrt{9 + 55}$
   $x_1 = 3 + 8 = 11$; x_2 ist negativ
   Das Quadrat hatte eine Seitenänge von 11 cm.

4

a) $2\pi r^2 + 2\pi rh = O \;\rightarrow\; 2\pi r^2 + 2\pi r \cdot 6 = 54\pi \qquad | : 2\pi$
   $\qquad\qquad r^2 + 6r = 27 \qquad | -27$
   $\qquad r^2 + 6r - 27 = 0$
   $\qquad\qquad r_{1/2} = -3 \pm \sqrt{9 + 27}$
   $\qquad\qquad r_{1/2} = -3 \pm 6$
   $\qquad\qquad r_1 = 3; \; r_2 = -9$ (entfällt als Lösung)
   Der Radius ist 3 cm lang.

b) $V = \pi \cdot r^2 \cdot h \;\rightarrow\; V = \pi \cdot 3^2 \cdot 6 \approx 54\pi$
   $V \approx 169{,}646 \text{ cm}^3$

S. 74

5 a) $O = \pi \cdot r^2 + \pi \cdot r \cdot s \quad \rightarrow \quad \pi \cdot r^2 + \pi \cdot r \cdot s = O$

$s = 6\,cm \quad \rightarrow \quad \pi \cdot r^2 + 6 \cdot \pi \cdot r = 172{,}788 \qquad |:\pi \qquad |-172{,}788$

$r^2 + 6\,r - \dfrac{172{,}788}{\pi} = 0$, dabei gilt $\dfrac{172{,}788}{\pi} \approx 55{,}0$

$r^2 + 6r - 55 = 0$

$r_{1/2} = -3 \pm \sqrt{9 + 55}$

$r_{1/2} = -3 \pm \sqrt{64}$

$r_1 = -3 + 8 = 5$, r_2 entfällt als negativer Wert.

Der Radius ist 5 cm lang.

b) $h^2 = s^2 - r^2$

$h^2 = 36 - 25 = 11$

$h = \sqrt{11} \approx 3{,}32 \quad \rightarrow \quad h \approx 3{,}32\,cm$

$V = \dfrac{1}{3} \cdot \pi \cdot r^2 \cdot h \quad \rightarrow \quad V \approx \dfrac{1}{3} \cdot \pi \cdot (5\,cm)^2 \cdot 3{,}32\,cm$

$V \approx 86{,}917\,cm^3$

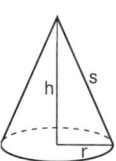

S. 75

1 a) Baumdiagramm mit Zurücklegen:

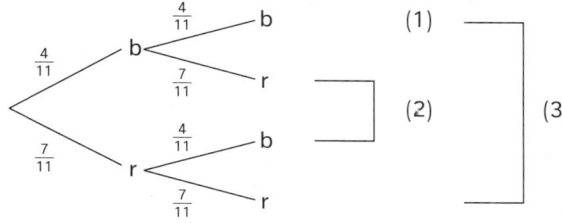

(1) $P\,(b;b) = \dfrac{4}{11} \cdot \dfrac{4}{11} \approx 13\,\%$

(2) $P\,(b;r) + P\,(r;b) = \dfrac{4}{11} \cdot \dfrac{7}{11} + \dfrac{7}{11} \cdot \dfrac{4}{11} \approx 46\,\%$

(3) $P\,(b;b) + P\,(r;r) = \dfrac{4}{11} \cdot \dfrac{4}{11} + \dfrac{7}{11} \cdot \dfrac{7}{11} \approx 54\,\%$

b) Baumdiagramm ohne Zurücklegen:

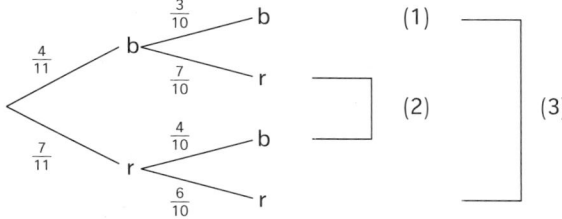

(1) $P\,(b;b) = \dfrac{4}{11} \cdot \dfrac{3}{10} \approx 11\,\%$

(2) $P\,(b;r) + P\,(r;b) = \dfrac{4}{11} \cdot \dfrac{7}{10} + \dfrac{7}{11} \cdot \dfrac{4}{10} \approx 51\,\%$

(3) $P\,(b;b) + P\,(r;r) = \dfrac{4}{11} \cdot \dfrac{3}{10} + \dfrac{7}{11} \cdot \dfrac{6}{10} \approx 49\,\%$

2 Die Wahrscheinlichkeit für „blau" und „gelb" ist jeweils $\dfrac{1}{2}$.

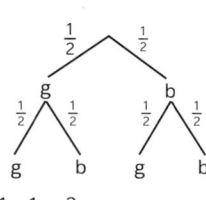

a) zweimal „blau": $P\,(b;b) = \dfrac{1}{2} \cdot \dfrac{1}{2} = \dfrac{1}{4}$

b) letzte Drehung „blau": $P\,(g;b) + P\,(b;b) = \dfrac{1}{2}$

c) keine Farbe zweimal: $P\,(g;b) + P\,(b;g) = \dfrac{1}{2} \cdot \dfrac{1}{2} + \dfrac{1}{2} \cdot \dfrac{1}{2} = \dfrac{1}{4} + \dfrac{1}{4} = \dfrac{1}{2}$

d) „gelb" nicht öfter als einmal: $P\,(\text{maximal einmal gelb}) = 1 - P\,(g;g) = 1 - \dfrac{1}{2} \cdot \dfrac{1}{2} = \dfrac{3}{4}$

S.75

3 $P(12) = \frac{1}{36}$ $P(11 \text{ oder } 10) = \frac{5}{36}$ [(4;6); (5;5); (5;6); (6;4); (6;5)] (siehe Tabelle auf S. 67)

Die Klasse nimmt bei 36 Spielen 36 € ein, weil der Einsatz 1 € beträgt. Durchschnittlich gibt sie dabei für einen Hauptgewinn 10 € (P (12) = $\frac{1}{36}$) aus und für fünf kleine Preise (P (11 oder 10) = $\frac{5}{36}$) ebenfalls 10 € (5 · 2 €).

Es ergibt sich ein durchschnittlicher Überschuss von 16 € (36 € – 20 €) bei jeweils 36 Spielen.

392 € : 16 € = 24,5 (etwa so oft hat es 36 Spiele gegeben)

24,5 · 36 = 882

Natürlich erreicht im Laufe eines Schulfestes die relative Häufigkeit nicht exakt die Wahrscheinlichkeit für ein bestimmtes Ergebnis, kommt ihr aber recht nah.

Deshalb kann man davon ausgehen, dass 893-mal am Würfelspiel teilgenommen wurde.

S.76

1

	a)	b)	c)
Kapital (K)	1 800 €	4 500 €	3 000 €
Zinssatz (p %)	0,5 %	1,8 %	0,65 %
Zinsen (Z)	9 €	81 €	19,50 €

2 Am einfachsten löst man diese Aufgabe, indem man:

① sich zunächst ein konkretes Beispiel überlegt und die Höhe der Zinsen mithilfe der Zinsformel bestimmt. Wir nehmen z. B. als Ausgangssituation an:

Tom legt 2 000 € zu 1 % an, am Jahresende erhält er 20 € Zinsen.

② die jeweiligen Angaben zur Veränderung von K oder p in die allgemeine Zinsformel überträgt.

a) Veränderte Situation: Tom legt doppelt so hohe Ersparnisse bei doppelt so hohem Zinssatz an.

Zu ①: Das bedeutet in unserem Beispiel:

Tom legt 4 000 € zu 2 % an, am Jahresende erhält er dann 80 € Zinsen.

Zu ②: Allgemein gilt: $Z = K \cdot \frac{p}{100}$

Setzt man in diese Gleichung statt K für die Verdoppelung von Toms Kapital 2 · K ein und entsprechend für den doppelten Zinssatz 2p, sähe die Gleichung so aus:

$Z = 2K \cdot \frac{2p}{100}$

$Z = 4K \cdot \frac{p}{100}$

Tom würde also nach einem Jahr Zinsen in 4-facher Höhe erhalten, also 80 €.

b) Veränderte Situation:

Tom legt doppelt so hohe Ersparnisse bei halb so großem Zinssatz an.

Zu ①: Das bedeutet in unserem Beispiel:

Tom legt 4 000 € zu 0,5 % an, am Jahresende erhält er dann 20 € Zinsen.

Zu ②: Setzt man in diese Gleichung statt K für die Verdoppelung von Toms Kapital 2 · K ein und entsprechend für den halbierten Zinssatz 0,5p, sähe die Gleichung so aus:

$Z = 2K \cdot \frac{0,5p}{100}$

$Z = K \cdot \frac{p}{100}$

Die Verdoppelung des Kapitals hat zusammen mit der Halbierung des Zinssatzes keine Auswirkungen auf die Höhe der Zinsen.

Tom würde also nach einem Jahr Zinsen in derselben Höhe erhalten, also 20 €.

c) Veränderte Situation:

Tom legt nur die Hälfte seiner Ersparnisse bei doppelt so hohem Zinssatz an.

Zu ①: Das bedeutet in unserem Beispiel:

Tom legt 2 000 € zu 1,0 % an, am Jahresende erhält er dann 20 € Zinsen.

Zu ②: Setzt man diese Gleichung statt K für die Halbierung von Toms Kapital 0,5 · K ein und entsprechend für den doppelten Zinssatz 2p, sähe diese Gleichung so aus:

$Z = 0,5 K \cdot \frac{2p}{100}$

$Z = K \cdot \frac{p}{100}$

Die Halbierung des Kapitals hat zusammen mit der Verdoppelung des Zinssatzes keine Auswirkungen auf die Höhe der Zinsen.

Tom würde also nach einem Jahr Zinsen in derselben Höhe erhalten, also 20 €.

S. 76

3 Da $K_{10} = (K_0 \cdot 1 + \frac{p}{100})^{10}$, hat den höchsten Zinssatz die Person erzielt, bei der der Quotient aus End-kapital und Anfangskapital am größten ist.
Anja: 1,219   Boris: 1,268   Pia: 1,161   Luca: 1,331
Luca hat den höchsten Zinssatz erzielt.

4 a) Wir betrachten die auftretenden Faktoren, mit denen der anfängliche Mietpreis multipliziert wird. Es ergibt sich:
Angebot A: $1,035 \cdot 1,045 = 1,081575$ Angebot B: $1,045 \cdot 1,035 = 1,081575$
Beide Angebote führen im 2. Jahr zur gleichen Miete. Was aber zahlt Frau Winter konkret in diesen zwei Jahren? Nehmen wir an, Frau Winters Miete beträgt 900 €.

Erhöhung der Miete		Angebot A	Angebot B	Erhöhung der Miete	
		900,00 €	900,00 €		
1. Jahr	3,50 %	931,50 €	940,50 €	1. Jahr	4,50 %
2. Jahr	4,50 %	**973,42 €**	**973,42 €**	2. Jahr	3,50 %

Beide Angebote führen nach zwei Jahren zur gleichen Miete. Aber im 1. Jahr der Erhöhung muss Frau Winter beim Angebot B monatlich 940,50 € – 931,50 € = 9 € mehr bezahlen.

b) Gesucht ist die positive Zahl a, die folgende Gleichung erfüllt:
$a^2 = 1,035 \cdot 1,045$ $| \sqrt{}$
 $a \approx 1,03999$
Durch eine prozentuale Mieterhöhung von etwa 4 % pro Jahr könnte dieselbe Miete erzielt werden.

S. 77

1 h ist der Höhenunterschied der Anlaufbahn und y ihre Länge.

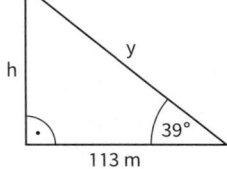

Es gilt: $\tan 39° = \frac{h}{113\,m}$ $| \cdot 113\,m$
          $113\,m \cdot \tan 39° = h$
                $h \approx 91,506\,m$
Die Länge y kann mit dem Satz des Pythagoras oder mit dem Kosinus bestimmt werden. Die zweite Möglichkeit hat den Vorteil, dass ein Fehler bei der Berechnung von h nicht zu einem Folgefehler bei y führt.

① $y^2 = h^2 + (113\,m)^2$ ② $\cos 39° = \frac{113\,m}{y}$ $| \cdot y$

  $y^2 = (91,506\,m)^2 + (113\,m)^2$ $y \cdot \cos 39° = 113\,m$ $| : \cos$

  $y \approx 145,404\,m$ $y = \frac{113\,m}{\cos 39°} \approx 145,404\,m$

Die Anlaufbahn hat einen Höhenunterschied von ca. 92 m und ist ungefähr 145 m lang.

2 $\alpha = 180° - 45,7° = 134,3°$ $\gamma = 180° - 134,3° - 31,6° = 14,1°$
1. Möglichkeit:
Um zwei rechtwinklige Dreiecke zu erhalten, zeichnen wir die Höhe h auf $\overline{SL_2}$ ein. Nun gilt:

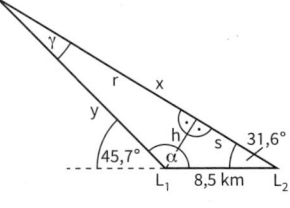

$\sin 31,6° = \frac{h}{8,5\,km}$ $h = 8,5\,km \cdot \sin 31,6° \approx 4,45\,km$

$\cos 31,6° = \frac{s}{8,5\,km}$ $s = 8,5\,km \cdot \cos 31,6° \approx 7,24\,km$

$\tan \gamma = \frac{h}{r}$ $r = \frac{h}{\tan \gamma} \approx \frac{4,45\,km}{\tan 14,1°} \approx 17,72\,km$

$x = r + s \approx 24,96\,km$
$y^2 = r^2 + h^2$ $y = \sqrt{r^2 + h^2} \approx \sqrt{(17,72\,km)^2 + (4,45\,km)^2} \approx 18,27\,km$

2. Möglichkeit (Sinussatz):

(1) $\frac{x}{\sin 134,3°} = \frac{8,5\,km}{\sin 14,1°}$ (2) $\frac{y}{\sin 31,6°} = \frac{8,5\,km}{\sin 14,1°}$

        $x = \frac{8,5\,km \cdot \sin 134,3°}{\sin 14,1°}$ $y = \frac{8,5\,km \cdot \sin 31,6°}{\sin 14,1°}$

        $x \approx 24,97\,km$ $y \approx 18,28\,km$
Das Segelschiff ist ca. 18,3 km vom linken und ca. 25 km vom rechten Leuchtturm entfernt.

S. 77

3 Zunächst stellen wir uns vor, dass A und B auf gleicher Höhe liegen. Um Verwechselungen zu vermeiden, nennen wir diese Punkte A* und B*

In der Zeichnung besteht die Länge l der Entfernung von A* nach B* von oben betrachtet aus 5 geraden Abschnitten der Länge 4 cm und 4 Halbkreisen (also 2 Kreisen) mit dem Radius 1 cm.

Gesamtlänge in der Zeichnung
– Umfänge der zwei Kreise:

$2u = 2 \cdot \pi \cdot d$
$2u = 2 \cdot \pi \cdot 2$ cm
$2u = 12,57$ cm

– Entfernung von A* nach B*:

$l = 5 \cdot 4$ cm + 12,57 cm
$l = 32,57$ cm

Da der Maßstab der Zeichnung 1 : 5000 ist, beträgt die Entfernung L von A* nach B* in Wirklichkeit:

$L = 32,57$ cm $\cdot 5000$
$L = 162850$ cm
$L = 1628,5$ m

Um die tatsächliche Entfernung zwischen A und B zu bestimmen, muss noch die Steigung der Pass-Straße berücksichtigt werden.

Die Steigung 14 % bedeutet für den Steigungswinkel α:
$\tan \alpha = 0,14$
$\alpha \approx 7,97°$

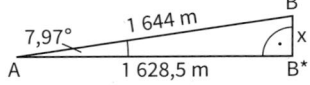

Die schematische Zeichnung des Dreiecks hilft jetzt weiter; x ist der Höhenunterschied $\overline{BB*}$.

Es gilt:

$$\tan 7,97° = \frac{x}{1628,5 \text{ m}} \quad | \cdot 1628,5 \text{ m}$$
$$1628,5 \text{ m} \cdot \tan 7,97° = x$$
$$x \approx 228 \text{ m}$$

Da A in einer Höhe von 620 m liegt, befindet sich B ungefähr auf der Höhe 620 m + 228 m, also in 848 m Höhe.

Die Länge $\overline{AB}$ entspricht der tatsächlichen Länge der Fahrstrecke von A nach B.
Diese Fahrstrecke kann man mit dem Satz des Pythagoras ausrechnen:
$(\overline{AB})^2 = 1628,5^2 + 228^2$; $\overline{AB} \approx 1644$ m
Der Punkt B liegt ca. 848 m hoch. Die Pass-Straße von A nach B ist rund 1644 m lang.

S. 78

1 a) Die zweite Formel liefert das korrekte Ergebnis:
    $\boxed{x}$ =A7*0,42+38   (Strecke in km · 0,42 €/km + 38 € Pauschale)

b) Für 300 km sind die Angebote fast gleich: Angebot A 164 € und Angebot B 162 €. Bei allen anderen angegebenen Strecken ist die Differenz zwischen den Angeboten größer als 2 €.

c) Angebot A: y = 0,42x + 38 (I);   Angebot B: y = 0,32x + 66 (II)
    (I) = (II): 0,42x + 38 = 0,32x + 66 | – 0,32x – 38
                0,10x = 28 | · 10
                    x = 280
    Bei einer Strecke von 280 km fallen bei beiden Angeboten die gleichen Kosten an.

2 a) =D1*D1*D1   oder   =D1^3
    In D1 steht die Kantenlänge a des Würfels, und sein Volumen wird berechnet mit der Formel $V = a^3$.

b) Man könnte die Wertepaare bzw. Zelleinträge in (B1|B2) und (D1|D2) sowie (C1|C2) und (F1|F2) vergleichen. Dann zeigt sich, dass bei Verdoppelung der Kantenlänge das Volumen auf das 8-Fache anwächst.

3 a) Die Formel steht für die Rechnung 80 · 1,2. Um einen Grundwert um 20 % zu erhöhen, multipliziert man ihn mit $(1 + \frac{20}{100})$, also mit 1,2.

b) Wenn man einen Grundwert um 20 % herabsetzt, multipliziert man ihn mit $1 - \frac{20}{100}$, also mit 0,8.

c) Formel in Zelle B5: =B4*A3 oder =B4*A5
    Formel in Zelle B6: =B5*A2 oder =B5*A6

S.79

1
a) Die 3,6 m hohe Spitze ist auf dem Foto ungefähr 0,75 cm hoch. 1 cm auf dem Foto entspricht also 4,8 m in Wirklichkeit. Der Obelisk ist auf dem Foto ungefähr 4,8 cm hoch. D. h. der Obelisk ist in Wirklichkeit also ca. 23 m ($\approx 4{,}8 \cdot 4{,}8$ m) hoch.

b) Das Volumen des Obelisken kann durch einen Quader mit 23 m Höhe und quadratischer Grundfläche mit der Seitenlänge 2 m (etwas mehr als die Hälfte der Spitze des Obelisken) abgeschätzt werden.

c) Nach der Schätzung in b) hat der Obelisk ein Volumen von 23 m · 2 m · 2 m = 92 m³. Daraus ergibt sich eine ungefähre Masse von $92 \text{ m}^3 \cdot 2{,}8 \frac{t}{m^3} \approx 257{,}6$ t. Der Obelisk wiegt ca. 260 t (in Wirklichkeit 250 t).

2
a) Annahme: Die Frau an der Brille ist ungefähr 1,60 m groß.
Abschätzung: Die Brille ist ungefähr 1,5 m hoch und 5 m breit. Die Bügellänge einer Brille entspricht ungefähr der Breite, also auch 5 m.

b) Rechnung: Die Brille eines Menschen ist so breit wie der Kopf. Die Kopflänge ist ungefähr das 1,5-Fache der Kopfbreite. Die Körpergröße ist ungefähr das 7,5-Fache der Kopflänge.   5 m · 1,5 · 7,5 = 56,25 m

Antwort: Die Person müsste ungefähr 56 m groß sein.

3
Damit man nicht alle Personen zählen muss, legt man ein Zählgitter über das Foto. Man geht davon aus, dass in jedem Quadrat des Zählgitters durchschnittlich gleich viele Menschen sind:

Hier wurde das Foto in 3 · 4 = 12 gleich große Quadrate eingeteilt. Nun bestimmt man die Anzahl von Personen in einem Quadrat, in dem durchschnittlich viele Personen zu sehen sind. Im stark umrandeten Quadrat sind das ungefähr 30. Damit ergeben sich für das gesamte Bild 12 · 30 = 360.
Etwa 400 Personen befinden sich auf dem Foto.

Abschlusstest Teil B Komplexe Aufgaben

S. 80

1 **Neue Preise**

a) 1. Lösungsweg: 100 % entsprechen 639 €; 115 % entsprechen 639 € · $\frac{115}{100}$ = 734,85 €
   2. Lösungsweg: 639 € · 1,15 = 734,85 € ≈ 735 €   Neuer Preis: ca. 735,00 €

b) 1. Lösungsweg: 49 € : 59 € ≈ 0,83 = 83 %   Die Preissenkung betrug ca. 17 %.
   2. Lösungsweg: Die Preissenkung um 10 € entspricht 10 € : 59 € ≈ 0,17 = 17 %

c) 1. Lösungsweg: 14,80 € sind 95 % vom alten Preis.
      Der alte Preis betrug (14,80 € · 100) : 95 ≈ 15,60 €
   2. Lösungsweg: 14,80 € : 0,95 ≈ 15,58 €   Alter Preis: ca. 15,60 €

2 **Autofarben**

a) Sonstige Farben: 228 – 76 – 57 = 95
   Anteile:
   silbergrau: $\frac{76}{228} = \frac{1}{3} \approx 33,3\,\%$
   schwarz: $\frac{57}{228} = \frac{1}{4} = 25\,\%$
   Sonstige: $\frac{95}{228} = \frac{5}{12} \approx 41,7\,\%$

Farbe	Anzahl	Anteil	
		als Bruch	in %
silbergrau	76	$\frac{1}{3}$	33,3 %
schwarz	57	$\frac{1}{4}$	25 %
Sonstige	95	$\frac{5}{12}$	41,7 %

b) Wenn sich der Anteil der schwarzen Autos nicht ändern wird, kann er mit ungefähr 75 schwarzen Autos rechnen, das sind $\frac{1}{4}$ von 300.

c) Zunächst werden alle gegebenen Wahrscheinlichkeiten
in das Baumdiagramm eingetragen.
Die Wahrscheinlichkeit für sonstige Farben
beträgt $\frac{5}{12}$ (siehe a)).
Die gesuchten Wahrscheinlichkeiten
berechnet man mit den Pfadregeln.

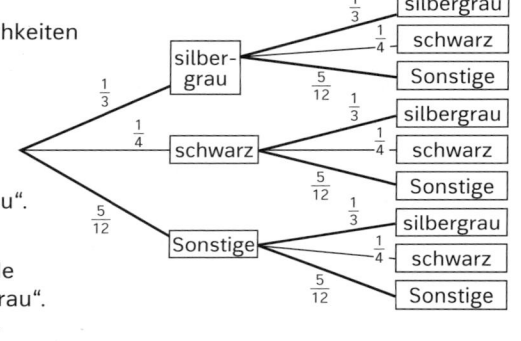

   (1) Hierzu gehört der Pfad „silbergrau-silbergrau".
      P (beide silbergrau) = $\frac{1}{3} \cdot \frac{1}{3} = \frac{1}{9}$

   (2) Hierzu gehören zwei Pfade. Es sind die Pfade
   „silbergrau-schwarz" und „schwarz-silbergrau".
   P (silbergrau ; schwarz) = $\frac{1}{3} \cdot \frac{1}{4} + \frac{1}{4} \cdot \frac{1}{3} = \frac{2}{12} = \frac{1}{6}$

S. 81

3 **Busfahrt**

a) Während der Fahrt wird Benzin verbraucht, der Tankinhalt nimmt also ab. Ein Tankvorgang ist dagegen daran zu erkennen, dass die Benzinmenge im Tank sprunghaft ansteigt. Dies ist nach einer gefahrenen Strecke von 100 km und von 500 km der Fall.
Die richtige Antwort ist also: Es wurde 2-mal angehalten, um zu tanken.

b) Die Entfernung von Köln nach Paris lässt sich auf der x-Achse ablesen; 800 km.

c) Je größer der Benzinverbrauch ist, desto rascher nimmt der Tankinhalt ab. Auf der Teilstrecke mit dem höchsten Benzinverbrauch fällt der Graph daher am steilsten ab. Dies trifft auf die Teilstrecke ③ zu.

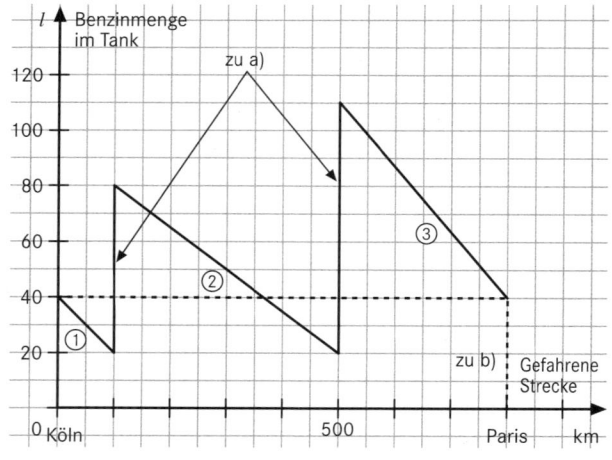

d) Beim Start in Köln sind 40 l Benzin im Tank, bis zum ersten Tanken sind 20 l davon verbraucht. Die Teilstrecke ② beginnt der Bus mit einem Tankinhalt von 80 l, davon sind bis zum zweiten Tanken 60 l verbraucht. Die Teilstrecke ③ beginnt der Bus mit einem Tankinhalt von 110 l, bei seiner Ankunft in Paris sind noch 40 l im Tank. Der Bus hat also auf der letzten Etappe 70 l verbraucht.
Auf der gesamten Fahrt verbrauchte der Bus also 20 l + 60 l + 70 l = 150 l.

S.81

4 Behälter mit Kugeln

Insgesamt sind zunächst 7 Kugeln (3 blaue, 4 rote) im Behälter. Also beträgt die Wahrscheinlichkeit, im ersten Zug eine blaue Kugel zu ziehen, $\frac{3}{7}$ und für eine rote Kugel $\frac{4}{7}$.
Beim zweiten Zug sind nur noch 6 Kugeln im Behälter. Die Wahrscheinlichkeiten hängen vom Ergebnis des ersten Zuges ab.

Baumdiagramm:

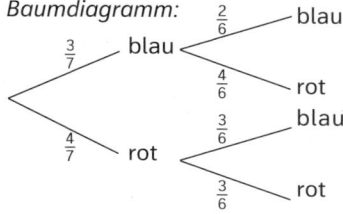

Björn gewinnt bei den Ergebnissen (blau ; blau) und (rot ; rot).

Mit den Pfadregeln berechnen wir die Wahrscheinlichkeiten.
P (Marc gewinnt) = P (blau ; rot) + P (rot ; blau)

$$= \frac{3}{7} \cdot \frac{4}{6} + \frac{4}{7} \cdot \frac{3}{6}$$
$$= \frac{12}{42} + \frac{12}{42}$$
$$= \frac{24}{42} = \frac{4}{7} \approx 57\,\%$$

P (Björn gewinnt) = P (blau ; blau) + P (rot ; rot)

$$= \frac{3}{7} \cdot \frac{2}{6} + \frac{4}{7} \cdot \frac{3}{6}$$
$$= \frac{6}{42} + \frac{12}{42}$$
$$= \frac{18}{42} = \frac{3}{7} \approx 43\,\%$$

Alternativer Lösungsweg: P (Marc gewinnt) = 1 − P (Björn gewinnt)

$$= 1 - \frac{3}{7} = \frac{4}{7} \approx 57\,\%$$

Gewinnwahrscheinlichkeit für Marc: $\frac{4}{7} \approx 57\,\%$ Gewinnwahrscheinlichkeit für Björn: $\frac{3}{7} \approx 43\,\%$

5 Lotterie

a) Bei 80 % Nieten beträgt der Anteil der Gewinne 20 %.

Es gilt: $20\,\% = \frac{20}{100} = \frac{1}{5}$.   Die Aussage „Jedes fünfte Los ist ein Gewinn" ist richtig.

b) Ein Los kostet 1,00 €. Insgesamt werden also 2 000 € eingenommen.
Folgende Gewinne werden ausgezahlt:
– 15 Hauptgewinne von je 50,00 €:   15 · 50 € = 750 €
– 4 % Preise von je 6,00 €:   4 % von 2 000 = 2 000 · 0,04 = 80
                 80 · 6 € = 480 €
– Trostpreise von je 0,50 €:   80 % von 2 000 = 1 600 (Nieten), damit 400 Preise
                 400 − 15 − 80 = 305 (Trostpreise)
                 305 · 0,50 € = 152,50 €
Gewinn: 2 000 € − 750 € − 480 € − 152,50 € = 617,50 €
Mit der Lotterie wurde ein Gewinn von 617,50 € erzielt.

S.82

6 Flugzeug

a) $x^2 + (25{,}7\ \text{km})^2 = (26{,}3\ \text{km})^2$ (Satz des Pythagoras)
   $x^2 = (26{,}3\ \text{km})^2 - (25{,}7\ \text{km})^2$
   $x \approx 5{,}5857\ \text{km}$

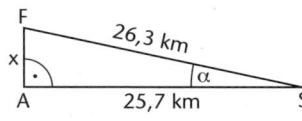

Das Flugzeug überfliegt Alsburg in ca. 5,6 km Höhe.

b) $\cos \alpha = \frac{\text{Ankathete}}{\text{Hypotenuse}}$

   $\cos \alpha = \frac{25{,}7\ \text{km}}{26{,}3\ \text{km}}$

   $\alpha \approx 12{,}262°$

Gesucht ist die Steigung in Prozent, also ist $\frac{x}{27{,}5\ \text{km}} = \tan \alpha$ zu bestimmen.
$\tan 12{,}262° \approx 0{,}2173 \approx 21{,}7\,\%$
Das Flugzeug ist durchschnittlich mit 21,7 % aufgestiegen.

S. 82

7 CD

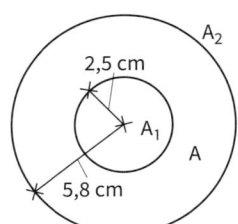

a) Die beschreibbare Fläche A hat die Form eines Kreisrings mit $d_1 = 50$ mm (also $r_1 = 25$ mm) und $d_2 = 116$ mm (also $r_2 = 58$ mm).

$A = A_2 - A_1$
$\quad = \pi \cdot r_2^2 - \pi \cdot r_1^2$
$\quad = \pi \cdot (58 \text{ mm})^2 - \pi \cdot (25 \text{ mm}^2)$
$\quad \approx 8\,605 \text{ mm}^2$

Die beschreibbare Fläche ist etwa 8 605 mm² groß.

b) Die Hälfte des Flächeninhalts beträgt etwa 4 303 mm² (= 8 605 mm² : 2). Um den Radius zu berechnen, muss der nicht beschreibbare innere Ring (625π mm² ≈ 1 943 mm²) addiert werden:
4 303 mm² + 1 943 mm² = 6 246 mm².

Nun kann der Radius berechnet werden: $\pi \cdot r^2 = 6\,246 \text{ mm}^2 \quad |:\pi$
$\qquad\qquad\qquad\qquad\qquad\qquad r^2 \approx 1\,988 \text{ mm}^2 \quad |\sqrt{\ }$
$\qquad\qquad\qquad\qquad\qquad\qquad r \approx 45 \text{ mm}$

Die CD ist „halb voll", wenn sie bis zu etwa 45 mm beschrieben ist.

8 Reisepreis

a) und b)   Die Anzahlung kann mit dem Dreisatz berechnet werden:
10 % von 998 € sind 99,80 €
20 % von 998 € sind 199,60 €   (2 · 99,80 €)

Oder: 20 % von 998 € $= \dfrac{998 \text{ € } \cdot 20}{100} = 199,60$ €

Diese Rechnung lässt sich als Formel für B4 verallgemeinern: =A4*20/100.

Um den Restbetrag zu bestimmen, wird die Anzahlung vom Reisepreis subtrahiert:
998,00 € – 199,60 € = 798,40 €.
Verallgemeinert lautet dies als Formel für C4: =A4–B4.

S. 83

9 Ferienplanung

a) Die pauschalen Nebenkosten betragen bei 4 Personen: 4 · 40 € = 160 €.
Pro Nacht kommen 70 € hinzu. Also lautet die Funktionsgleichung y = 70x + 160

b) Bezüglich des Kontexts sind jedoch nur die Punkte mit ganzzahligen x-Koordinaten sinnvoll zu interpretieren, da es z. B. 2,5 Übernachtungen nicht gibt.

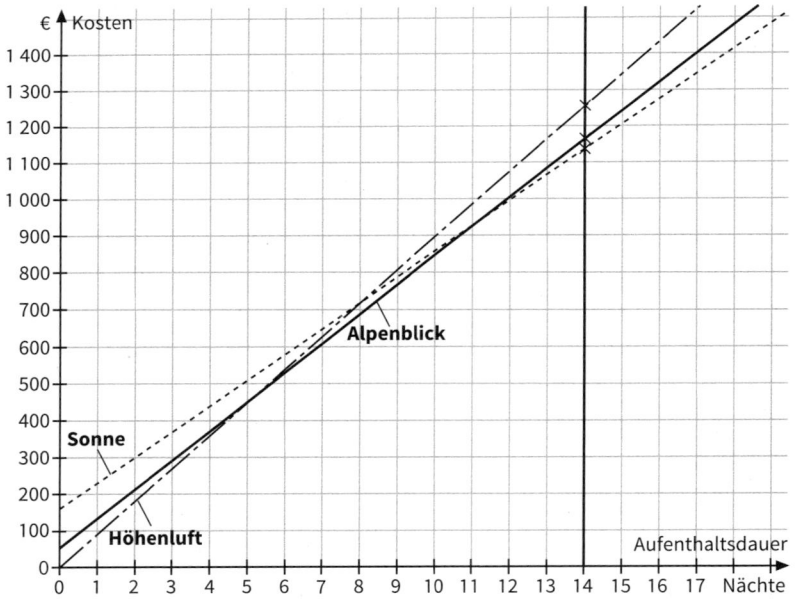

c) Familie Dogan will genau zwei Wochen (also 14 Tage) bleiben.
Aus dem Koordinatensystem ist abzulesen, dass die Kosten für diese Aufenthaltsdauer bei der Ferienwohnung Sonne am geringsten sind.
Man kann dies auch rechnerisch prüfen:
• Ferienwohnung Sonne: 14 · 70 € + 4 · 40 € = 1 140 €
• Ferienappartement Höhenluft: 14 · 90 € = 1 260 €
• Ferienwohnung Alpenblick: 14 · 80 € + 50 € = 1 170 €

S. 83

10 Sonnenfinsternis

Während der Sonnenfinsternis wird die Leistung der Solaranlagen ca. $\frac{1}{3}$ der normalen Leistung (6 Gigawatt : 18 Gigawatt) betragen. Dies entspricht aber $0,3\overline{3}$, also etwa 33 %.

11 Verein

a) Insgesamt spielen 50 Jugendliche (15 Mädchen und 35 Jungen) der 325 Befragten im Verein Fußball. Das entspricht $\frac{50}{325} \approx 15\,\%$.

b) Von den 50 Jugendlichen, die im Verein spielen, sind 15 Mädchen. Das entspricht $\frac{15}{50} = 30\,\%$. Also hat Helena recht.

c) Justus vergleicht nur die absoluten Häufigkeiten (35 Jungen und 15 Mädchen) und berücksichtigt nicht die Gesamtzahlen (250 Jungen und nur 75 Mädchen). Für einen besseren Vergleich muss man die relativen Häufigkeiten (Anteile) heranziehen.
Anteil der 15 im Verein spielenden Mädchen unter den 75 Mädchen: $\frac{15}{75} = 20\,\%$
Anteil der 35 im Verein spielenden Jungen unter den 250 Jungen: $\frac{35}{250} = 14\,\%$
Da der Anteil bei den Mädchen höher ist, stimmt die Aussage von Justus nicht.

S. 84

12 Zahlenrätsel

(1) A,   (2) (F);   (3) (H)
Lösungen der Gleichungen:

(A)
$$2(5x + 7) = -3x + 53$$
$$10x + 14 = -3x + 53 \quad |+3x$$
$$13x + 14 = 53 \quad |-14$$
$$13x = 39 \quad |:13$$
$$x = 3$$

(F)
$$x - (-8) = 5x + 64$$
$$x + 8 = 5x + 64 \quad |-5x$$
$$-4x + 8 = 64 \quad |-8$$
$$-4x = 56 \quad |:(-4)$$
$$x = -14$$

(H)
$$4x - 17 = 3(x - 2)$$
$$4x - 17 = 3x - 6 \quad |-3x$$
$$x - 17 = -6 \quad |+17$$
$$x = 11$$

13 Haus mit Pultdach

a) Der umbaute Raum entspricht dem Volumen des Baukörpers.
Berechnung des Volumens:
Das Haus kann als Prisma mit einem Trapez als Grundfläche betrachtet werden.
$$V = G \cdot h$$
$$V = \frac{9,6\ \text{m} + 6,2\ \text{m}}{2} \cdot 8,4\ \text{m} \cdot 12,6\ \text{m} \quad \text{Beachte: Höhe des Trapezes: 8,4 m; Höhe des Prismas: 12,6 m}$$
$$V = 836,136\ \text{m}^3 \qquad V \approx 836\ \text{m}^3$$

b) Berechnung des Flächeninhalts der Seitenflächen:
Die Seitenflächen bestehen aus zwei gleichen Trapezen und zwei Rechtecken.
$$A = 2\left(\frac{9,6\ \text{m} + 6,2\ \text{m}}{2} \cdot 8,4\ \text{m}\right) + 12,6\ \text{m} \cdot 9,6\ \text{m} + 12,6\ \text{m} \cdot 6,2\ \text{m}$$
$$A = 331,8\ \text{m}^2 \qquad A \approx 332\ \text{m}^2$$

c) Berechnung des Neigungswinkels: $\tan \alpha = \frac{9,6\ \text{m} - 6,2\ \text{m}}{8,4\ \text{m}} = \frac{3,4\ \text{m}}{8,4\ \text{m}}$ $\alpha \approx 22°$

14 Taschengeld

Das geringste monatliche Taschengeld beträgt 10 €, das höchste 80 €. Daraus ergibt sich die Spannweite 80 € – 10 € = 70 €.
Der mittlere Betrag (Median) liegt bei 30 €. 50 % der Befragten erhalten Taschengeld zwischen 20 € (unteres Quartil) und 50 € (oberes Quartil). Es fällt auf, dass die Streuung oberhalb des Medians erheblich größer ist als darunter. Am größten ist sie im obersten Viertel. 25 % der befragten Jugendlichen erhalten monatlich 50 € bis 80 € Taschengeld.

S. 85

15 Aralsee

a) Es gibt sehr viele Möglichkeiten, die Fläche des Aralsees so durch berechenbare Flächen abzudecken, dass sich „Gewinne" und „Verluste" ungefähr ausgleichen. Eine mögliche Lösung ist hier dargestellt:
Die gemessenen Werte in cm muss man mit 62,5 multiplizieren, dann erhält man die tatsächliche Entfernung in km.

Größe des Sees im Jahre 1960:

$A_1 \approx 256,25 \text{ km} \cdot 200 \text{ km} = 51\,250 \text{ km}^2$ (Parallelogramm)

$A_2 \approx \dfrac{237,5 \text{ km} + 68,75 \text{ km}}{2} \cdot 81,25 \text{ km} \approx 12\,441 \text{ km}^2$ (Trapez)

$A_3 \approx \dfrac{137,5 \text{ km} \cdot 62,5 \text{ km}}{2} = 4\,297 \text{ km}^2$ (Dreieck)

$A_1 + A_2 + A_3 = 67\,988 \text{ km}^2$

Im Jahr 1960 war der Aralsee etwa 68 000 km² groß.

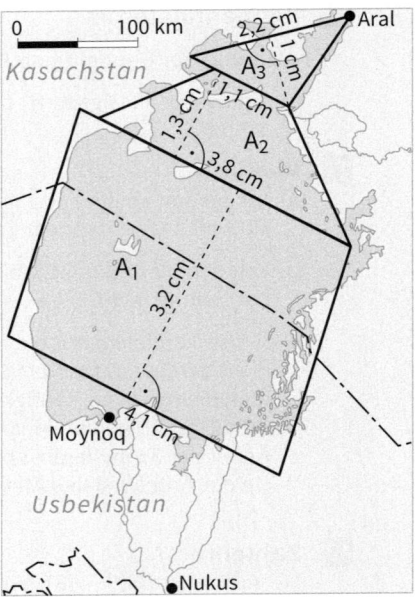

b) Größe des Sees im Jahre 2010:

$A_1 \approx 187,5 \text{ km} \cdot 25 \text{ km} = 4\,687,5 \text{ km}^2$ (Parallelogramm)

$A_2 \approx 25 \text{ km} \cdot 12,5 \text{ km} = 312,5 \text{ km}^2$ (Rechteck)

$A_3 \approx \dfrac{81,25 \text{ km} + 125 \text{ km}}{2} \cdot 31,25 \text{ km} \approx 3\,222,7 \text{ km}^2$ (Trapez)

$A_1 + A_2 + A_3 \approx 8\,222,7 \text{ km}^2$

Im Jahr 2010 war der Aralsee etwa 8 220 km² groß.

Prozentsatz berechnen: $p\% = \dfrac{8\,220}{68\,000} \approx 0,12 = 12\%$

Im Jahr 2010 hatte der Aralsee etwa 88 % seiner Größe von 1960 verloren.

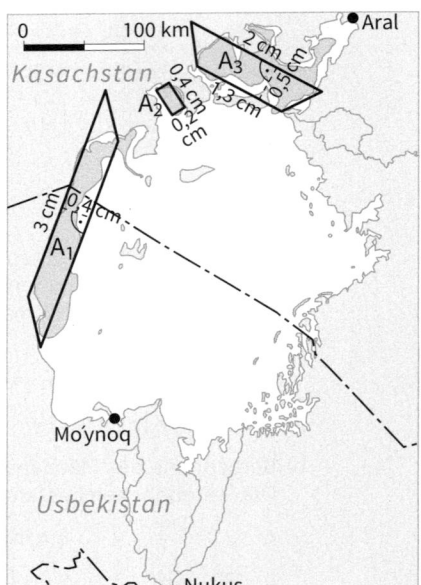

16 Ernährung

a) $4,9 \text{ g} \triangleq 5,6\%$ $x = \dfrac{4,9 \text{ g} \cdot 100\%}{5,6\%} = 87,5 \text{ g}$
    $x \text{ g} \triangleq 100\%$

Die empfohlene Tagesmenge beträgt 87,5 g.

b) Zuckergehalt im Frühstück:
3 Schreiben Vollkorntoast + 1x Butter + 1x Marmelade + 2x Schokoaufstrich + 1x Kakaomilch
$3 \cdot 0,5 \text{ g} + 0,5 \text{ g} + 15 \text{ g} + 20 \text{ g} + 20 \text{ g} = 57 \text{ g}$

Prozentualer Anteil: $p\% = \dfrac{57 \text{ g}}{87,5 \text{ g}} \approx 0,65 = 65\%$

Von der empfohlenen Tagesmenge sind etwa 65 % im Frühstück enthalten.

17 Gleichungen

(1) $(x + 3) \cdot (8 - 2x)$ ist ein Produkt, das genau dann null ist, wenn ein Faktor null ist.

$$(x + 3) \cdot (8 - 2x) = 0$$

$x + 3 = 0$ $|-3$ oder $8 - 2x = 0$ $|-8$

   $x_1 = -3$ oder $-2x = -8$ $|:(-2)$

                        $x_2 = 4$

(2) $x^2 + 5x = 0$ $|\,x$ ausklammern

   $x \cdot (x + 5) = 0$

   $x_1 = 0$ oder $x + 5 = 0$ $|-5$

                 $x_2 = -5$

(3) $3x^2 - 8 = 4$ $|+8$

   $3x^2 = 12$ $|:3$

    $x^2 = 4$ $|\sqrt{}$

 $x_1 = 2$ oder $x_2 = -2$

(4) Hier können wir die Lösungsformel anwenden.

   $2x^2 - 12x + 4 = 18$ $|-18$

   $2x^2 - 12x - 14 = 0$ $|:2$

    $x^2 - 6x - 7 = 0$ $|\,p = -6;\, q = -7$

$$x = \frac{6}{2} + \sqrt{\left(\frac{6}{2}\right)^2 + 7} \quad \text{oder} \quad x = \frac{6}{2} - \sqrt{\left(\frac{6}{2}\right)^2 + 7}$$

   $x = 3 + \sqrt{16}$ oder $x = 3 - \sqrt{16}$

   $x_1 = 7$ oder $x_2 = -1$

18 Gebäude

a) Da die Parabel achsensymmetrisch zur y-Achse ist, liegt der höchste Punkt auf der y-Achse, also bei $x = 0$. Aus der Funktionsgleichung und aus dem Bild kann man ablesen, dass zu $x = 0$ der y-Wert 18 gehört. Die Ausstellungshalle ist 18 m hoch.

b) Setze für die Höhe $y = 9$ in die Parabelgleichung ein und bestimme die zugehörigen x-Werte:

$$9 = -\frac{1}{9}x^2 + 18 \quad |-18$$

$$-9 = -\frac{1}{9}x^2 \quad\quad |\cdot(-9)$$

$$x^2 = 81 \quad\quad x_1 = -9;\ x_2 = +9$$

Der Abstand der beiden x-Werte ist 18, also ist in der Höhe 9 m die Halle 18 m breit und damit doppelt so breit wie hoch.

c) $0 = -\frac{1}{9}x^2 + 18$ $|-18$

$$-18 = -\frac{1}{9}x^2 \quad\quad |\cdot(-9)$$

$$x^2 = 162 \quad\quad x_1 \approx -12{,}73;\ x_2 = +12{,}73$$

Der Abstand von der y-Achse zu einer Nullstelle ist ca. zwei Drittel von 18 (der Höhe der Halle in m). Wenn man im Foto zwei Drittel der Höhe an der x-Achse abträgt, sieht man, dass die Halle am Boden etwas breiter ist. Die Beschreibung durch eine Parabel passt also nicht genau. Es sieht so aus, als könnte man den unteren Teil der Außenlinie besser durch eine Gerade beschreiben.

19 Nerobergbahn

Die Länge der gesuchten Strecke ermittelt man mithilfe des Satzes des Pythagoras.
Der Höhenunterschied zwischen Tal- und Bergstation beträgt 83 m. Die Luftlinienentfernung l zwischen Tal- und Bergstation können wir mithilfe der Entfernungen der beiden Orte in der abgebildeten Karte und dem angegebenen Kartenmaßstab bestimmen.

Der Abstand zwischen Tal- und Bergstation in der Karte beträgt ca. 4,3 cm.
Zu berechnen ist die Länge in der Wirklichkeit.
Der Maßstab 1 : 10000 bedeutet: 1 cm auf einer Karte entsprechen 10000 cm in der Wirklichkeit.
Man muss die gemessene Strecke also mit 10000 multiplizieren: 4,3 cm · 10000 = 43000 cm.
Die Luftlinienentfernung l zwischen den beiden Orten beträgt in der Realität also etwa 430 m.
Jetzt lässt sich die gesuchte Strecke x mit dem Satz des Pythagoras ermitteln:
$$x^2 = h^2 + l^2$$
$$x^2 = (83\,m)^2 + (430\,m)^2 = 191\,789\,m^2$$
$$x \approx 437,9\,m$$
Die Länge der Gleisstrecke zwischen Nerotal und Neroberg beträgt also ungefähr 438 m.

20 Felswand

Da $\sphericalangle\,FBA = 45°$ und $\sphericalangle\,BAF = 90°$, ist $\sphericalangle\,AFB = 45°$. Das Dreieck ABF ist damit gleichschenklig.
Also ist die Höhe der Felswand h = AF = AB

Im Dreieck ACF gilt: $\tan 32° = \dfrac{Gegenkathete}{Ankathete}$

$\qquad\qquad\qquad \tan 32° = \dfrac{h}{(h + 30)}$ $|\cdot (h + 30)$

$\qquad\qquad \tan 32° \cdot (h + 30) = h$ $|$ ausmultiplizieren

$\qquad \tan 32° \cdot h + 30 \cdot \tan 32° = h$

$\qquad\qquad 0,6249\,h + 18,7461 \approx h$ $|-0,6249\,h$

$\qquad\qquad\qquad 18,7461 \approx 0,3751\,h$ $|:0,3751$

$\qquad\qquad\qquad\qquad h \approx 49,98\,m$

Die Felswand ist etwa 50 m hoch.

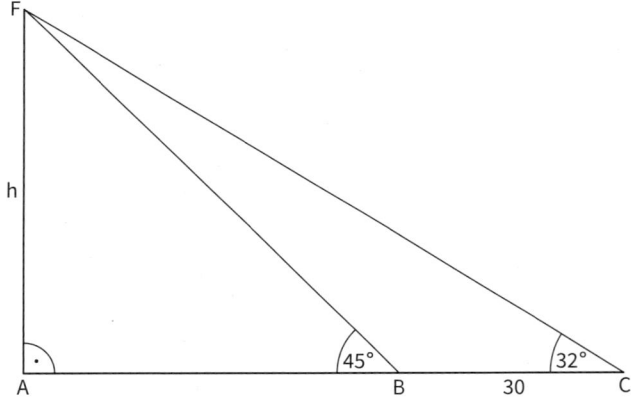

21 Maßänderungen

a) (1) Die Aussage ist richtig, denn
   $u = 2\pi r$ Wird r durch 3r ersetzt, ergibt sich $u = 2\pi(3r) = 6\pi r = 3 \cdot 2\pi r$
 (2) Die Aussage ist falsch. Der Flächeninhalt vervierfacht sich, denn
   $A = \pi r^2$ Wird r durch 2r ersetzt, ergibt sich $A = \pi(2r)^2 = \pi \cdot 4r^2 = 4 \cdot \pi r^2$

b) Das Volumen verachtfacht sich, denn

   $V = \dfrac{1}{3}\pi r^2 h$ Wird r durch 2r und h durch 2h ersetzt, ergibt sich

     $V = \dfrac{1}{3}\pi(2r)^2 \cdot 2h = \dfrac{1}{3}\pi \cdot 4r^2 \cdot 2h = 8 \cdot \dfrac{1}{3}\pi r^2 h$

22 Wucherzins

a)

Jahr	0	1	2	3	4	5	6
Schulden	5 000 €	6 000 €	7 200 €	8 600 €	10 400 €	12 400 €	14 900 €

b) Nach einem Jahr sind die Schulden von 5 000 € auf 6 000 € gestiegen, also um 1 000 €.
Zinssatz p %: 1 000 € von 5 000 € = $\frac{1\,000}{5\,000}$ = 0,2 = 20 %

c) Bei einem Zinssatz von 20 % erhöhen sich die Schulden jedes Jahr auf das 1,2-Fache. Der Wachstumsfaktor beträgt also 1,2.
Lösungsweg 1: Gesucht ist die Zahl n, für die gilt:
5 000 · $1,2^n$ > 30 000 | systematisches Probieren
5 000 · $1,2^{10}$ ≈ 30 959 > 30 000
Lösungsweg 2: Man könnte schrittweise mit dem Taschenrechner weiterrechnen:
5 000 · 1,2 = 6 000   6 000 · 1,2 = 7 200   7 200 · 1,2 = 8 640 ...
Nach 10 Jahren übersteigen die Schulden 30 000 €.

23 Sonderpreis

a) Methode (1) berücksichtigt nicht den Rabatt von 3 %. Die Methode ist falsch.
Methode (2) berechnet zuerst 85 % (100 % – 15 %) vom bisherigen Preis. Dann werden von 3 % vom reduzierten Preis subtrahiert. Die Methode ist richtig.
Methode (3) ist auch richtig.
Es gilt: 100 % – 15 % = 85 % = 0,85 und
100 % – 3 % = 97 % = 0,97
Deshalb kann der gesenkte Barzahlungspreis so berechnet werden:
(1 500 € · 0,85) · 0,97 = 1 236,75 €

b) Die Rechnung z. B. mit Methode (3) ergibt 1 236,75 €.

24 Werkstück

a) Für die Berechnung der Masse wird das Volumen benötigt.
$V = V_{Zylinder} - 2\,V_{Kegel}$

$V = \pi \cdot r_z^2 \cdot h_z - 2 \cdot \frac{1}{3} \cdot \pi \cdot r_K^2 \cdot h_K$

$= \pi \cdot 3^2\,cm^2 \cdot 18\,cm - 2 \cdot \frac{1}{3} \cdot \pi \cdot 1,5^2\,cm^2 \cdot 9\,cm$

$\approx 508,9\,cm^3 - 42,4\,cm^3 = 466,5\,cm^3$

Masse des Werkstücks: 8,73 $\frac{g}{cm^3}$ · 466,5 cm^3 = 4 072,545 g
Die Masse beträgt rund 4 073 g.

b) Der Oberflächeninhalt setzt sich aus dem Oberflächeninhalt des Zylinders und den Mantelflächen der Kegel zusammen. Davon müssen noch die Grundflächen der Kegel subtrahiert werden, da das Werkstück an beiden Enden offen ist.
$A_O = A_{OZ} + 2 \cdot A_{MK} - 2 \cdot A_{GK}$
$A_O = 2\pi r_z (r_z + h_z) + 2\pi r_K s - 2\pi r_K^2$
Berechnung der Seitenlinie s: s = $\sqrt{1,5^2 + 9^2}$ cm ≈ 9,12 cm
$A_O = 2\pi \cdot 3\,cm\,(3\,cm + 18\,cm) + 2\pi \cdot 1,5\,cm \cdot 9,12\,cm - 2\pi \cdot 1,5^2\,cm^2$
$A_O \approx 395,84\,cm^2 + 85,95\,cm^2 - 14,14\,cm^2$
$A_O \approx 467,65\,cm^2$
Der Oberflächeninhalt beträgt rund 468 cm^2.

S.89

25 **Lustige Abfallbehälter**

a) Die folgenden Abschätzungen beziehen sich auf das Foto rechts neben dem Text. Dabei werden die gesuchten Längen mit den Maßen des Rucksacks, der davor steht, verglichen.
Der Rucksack ist vermutlich 50 cm hoch und 30 cm breit.
Höhe h der Behälter (ohne „Kopf"): 85 cm
Höhe k der Behälter (mit „Kopf"): 100 cm
oberer Durchmesser d_o: 50 cm
unterer Durchmesser d_u: 60 cm

b) Die Abschätzungen des Volumens durch den Zylinder (3) beschreiben am genauesten das tatsächliche Volumen des Abfallsammlers. Der Zylinder ist oben zwar ein wenig zu breit, dafür in der „bauchigen Mitte" des Abfallbehälters etwas zu klein.
Der Quader (2) wird einen etwas zu kleinen Wert liefern, da der obere Durchmesser gewählt wurde. Die Abschätzung durch den Kegel (1) wird zu einem deutlich zu kleinen Wert führen, denn trotz des gewählten Durchmessers u für die Grundfläche und der Gesamthöhe k bleibt viel Rauminhalt unberücksichtigt.

26 **Kreise**

a)

Figur	1	2	3	4	5	6
Anzahl aller Kreise	3	6	10	15	21	28
Anzahl der blauen Kreise	3	6	9	12	15	18
Anzahl der weißen Kreise	0	0	1	3	6	10

b) Die Figur 4 hat an jeder der drei Seiten 5 blaue Kreise, die Figur 5 hat dreimal 6 blaue Kreise und die Figur n dreimal (n + 1) blaue Kreise. Dabei werden die 3 Kreise in den Ecken doppelt gezählt. Somit sind in der Figur n genau $3 \cdot (n + 1) - 3 = 3 \cdot n + 3 \cdot 1 - 3 = 3 \cdot n$ blaue Kreise.

c) Für n = 15 erhalten wir $\frac{1}{2} \cdot (15 + 2) \cdot (15 + 1) = 136$ Kreise.

d) Für n = 20 erhalten wir:

Anzahl aller Kreise: $\frac{1}{2} \cdot (20 + 2) \cdot (20 + 1) = 231$ Kreise

Anzahl der blauen Kreise: $3 \cdot 20 = 60$ Kreise
Anzahl der weißen Kreise: $231 - 60 = 171$ Kreise

Zusatz: Erklärung des Terms $\frac{1}{2} \cdot (n + 2) \cdot (n + 1)$

„Verdopplung" der Figur 5

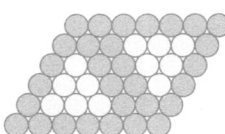

(5 + 1) Zeilen

(5 + 2) Spalten

Anzahl der Kreise insgesamt:
$\frac{1}{2} \cdot (5 + 2) \cdot (5 + 1) = 21$

„Verdopplung" der Figur n

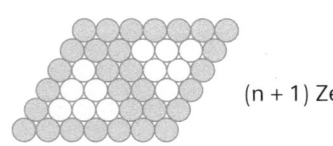

(n + 1) Zeilen

(n + 2) Spalten

Anzahl der Kreise insgesamt:
$\frac{1}{2} \cdot (n + 2) \cdot (n + 1)$

Teil C Zentrale Aufgaben

Alle Lösungen Teil C: nicht amtliche Lösungen

Zentrale Prüfung NRW Mittlerer Schulabschluss (MSA) 2022

Prüfungsteil 1

S. 90

Aufgabe 1 (V1)

	richtig	falsch	Erklärung
$10^{-1} > 10^{-2}$	X		$10^{-1} = 0{,}1$ und $10^{-2} = 0{,}01$
$-4^2 = (-4)^2$		X	$-4^2 = -4 \cdot 4 = -16;\ (-4)^2 = (-4) \cdot (-4) = +16$
2^2 ist die Hälfte von 2^4		X	$2^2 = 4$, aber $2^4 = 16$

Aufgabe 2 (V1)

a) In einem rechtwinkligen Dreieck gilt der Satz des Pythagoras: $a^2 + b^2 = c^2$, also $b^2 = c^2 - a^2$.
   Hier: $b^2 = (25\text{ cm})^2 - (22{,}4\text{ cm})^2 = 123{,}24\text{ cm}^2$, also $b = \sqrt{123{,}24}$ cm $\approx 11{,}1$ cm

b) Es gilt $\sin(\alpha) = \dfrac{a}{c} = \dfrac{22{,}4\text{ cm}}{25\text{ cm}} = 0{,}896$, also $\alpha = \arcsin(0{,}896) \approx 63{,}64°$

S. 91

Aufgabe 3 (V1)

I. $2x + 3y = 20$ Es bietet sich eine Lösung nach dem Additionsverfahren an.
II. $-2x + 8y = 68$
I. + II.: $11y = 88$ $|:11$
        $y = 8$

Einsetzen in I.: $2x + 24 = 20$ ergibt $2x = -4$ und $x = -2$.
Probe mit II: $-2 \cdot (-2) + 8 \cdot 8 = 4 + 64 = 68$ (stimmt)

Aufgabe 4 (V1) bzw. Aufgabe 3 (V2)
Wegen der binomischen Formel $(a + b)^2 = a^2 + 2ab + b^2$ muss der zweite Summand („das b") in der Klammer auf der linken Seite der Gleichung $3y$ sein, denn $(3y)^2 = 9y^2$.
Für den gemischten Term („das 2ab") auf der rechten Seite der Gleichung ergibt sich dann
$2 \cdot 2x \cdot 3y = 12xy$.
$(2x + 3y)^2 = 4x^2 + 12xy + 9y^2$

Aufgabe 5 (V1) bzw. Aufgabe 4 (V2)
Auf dem Foto ist der Durchmesser des Baums in Höhe der ausgestreckten Arme etwa 3,5- bis 4-mal so groß wie der Abstand von Hand zu Hand. Wenn man annimmt, dass bei dem Mann der Abstand von Hand zu Hand etwa 1,70 m beträgt, ist der Durchmesser des Baums in Schulterhöhe das 3,5-Fache bis 4-Fache davon, beträgt also rund 6 m bis 6,80 m.

S. 92

Aufgabe 6 (V1) bzw. Aufgabe 5 (V2)

a) Bei den 30- bis 39-Jährigen sind 12 % der Frauen aktiv, aber 27 % der Männer. Dieser Anteil ist mehr als doppelt so groß, die erste Aussage trifft also zu.
   Die zweite Aussage trifft ebenfalls zu, da in allen Altersgruppen die Säulen für die Männer höher sind als die Säulen für die Frauen.
   Die dritte Aussage trifft für die Frauen nicht zu. In der höchsten Altersgruppe von 70 bis 79 wird zwar mit 11 % der geringste Anteil erreicht, allerdings nehmen die Anteile der aktiven Frauen über die Jahre nicht durchweg ab, sondern schwanken. Die Aussage „Je älter, desto weniger aktiv" trifft dafür auf die Männer zu, da deren Prozentsätze von einer Altersgruppe zur nächsten immer weiter abnehmen.

b) Gegeben ist der Prozentwert $W = 123$ und der Prozentsatz $p\% = 41\%$. Gesucht ist der Grundwert G.

   $G = \dfrac{W}{p\%}$ $G = \dfrac{123}{41\%} = \dfrac{123}{41} \cdot 100 = 300$

   Es wurden 300 Männer zwischen 13 und 29 Jahren befragt.

S.92

Aufgabe 1 (V2)
2,25 h = 2,25 · 60 min = 135 min
1238,6 g = 1,2386 kg
0,12 m³ = 0,12 · 1 000 l = 120 l

S.93

Aufgabe 2 (V2)
a)

x	−2	0	1	2
y	3	2	1,5	1

b) Der Achsenabschnitt auf der y-Achse ist n = 2 und die Steigung beträgt m = −0,5.
   y = −0,5 x + 2

c)
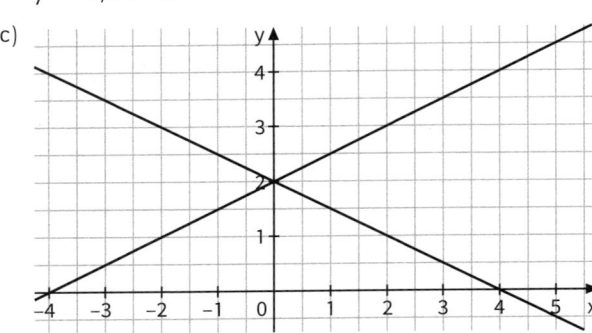

Prüfungsteil 2

Aufgabe 1: Rösti
a) 520 g + 60 g + 110 g + 20 g = 710 g
   710 g : 100 g = 7,1
   Man kann 7 Rösti herstellen und es bleiben noch 10 g Teig übrig.

b) 81 cm³ wiegen 100 g.
   1 cm³ wiegt 100 g : 81 ≈ 1,23 g

S.94

c) Für das Volumen eines Zylinders gilt: V = π · r² · h
   Gegeben sind h = 2 cm und V = 81 cm³. Gesucht sind r und d.

   $r = \sqrt{\dfrac{V}{\pi \cdot h}}$ $r = \sqrt{\dfrac{81}{\pi \cdot 2}}$ cm ≈ 3,6 cm, und damit d ≈ 7,2 cm

d) Der Mitarbeiter hat nicht recht: da V unter der Wurzel steht, sind r und V nicht proportional.
   oder (rechnerische Begründung) Bei dem halben Volumen ist

   $r = \sqrt{\dfrac{40,5}{\pi \cdot 2}}$ cm ≈ 2,5 cm und d = 5 cm

   Das ist mehr als der halbe Durchmesser.

e)

```
                                              ┌──────────────────────┐
                                    99 %      │ Aussehen entspricht   │
                                   ┌─────────▶│ der Vorgabe           │
                                   │          └──────────────────────┘
        ┌──────────────────┐       │
  98 %  │ Gewicht entspricht│       │          ┌──────────────────────┐
 ──────▶│ der Vorgabe       │───────┤   1 %    │ Aussehen entspricht   │
        └──────────────────┘        └─────────▶│ nicht der Vorgabe     │
                                               └──────────────────────┘
  2 %   ┌──────────────────┐
 ──────▶│ Gewicht entspricht│
        │ nicht der Vorgabe │
        └──────────────────┘
```

S. 94

f) Röstis entsprechen den Vorgaben, wenn Gewicht UND Aussehen den Vorgaben entsprechen. Nach der Pfadregel sind dies $0,98 \cdot 0,99 = 0,9702 = 97,02\,\%$ aller Röstis.

g) Wenn $97,02\,\%$ der Röstis den Vorgaben entsprechen, dann haben $1 - 0,9702 = 0,0298$ einen Fehler. Hochgerechnet auf 10 000 Röstis sind das $0,0298 \cdot 10\,000 = 298$ Röstis. Es werden vermutlich ca. 298 (rund 300) Röstis aussortiert, weil sie nicht den Vorgaben entsprechen.

S. 95

Aufgabe 2: Wassermelonen

a) Für das Volumen einer Kugel gilt: $V = \frac{4}{3}\pi \cdot r^3$.

Gegeben ist der Durchmesser $d = 25$ cm und damit der Radius $r = 12,5$ cm.

$V = \frac{4}{3}\pi \cdot 12,5^3 \text{ cm}^3 = 8\,181,23 \text{ cm}^3 \approx 8\,200 \text{ cm}^3$

b) Subtrahiert man vom Radius der Wassermelone die Dicke der Schale, erhält man den Radius des Fruchtfleisches $12,5$ cm $- 1,5$ cm $= 11$ cm. Damit beträgt das Volumen des Fruchtfleisches

$V = \frac{4}{3}\pi \cdot 11^3 \text{ cm}^3 = 5\,575,28 \text{ cm}^3$.

Dies entspricht einem prozentualen Anteil von $\frac{5\,575,28 \text{ cm}^3}{8\,181,23 \text{ cm}^3} = 0,681 = 68,1\,\%$

c) Für das Volumen eines Würfels gilt $V = a^3$. Mit $V = 8\,200 \text{ cm}^3$ ergibt sich für die Kantenlänge $a = \sqrt[3]{8\,200 \text{ cm}^3} \approx 20,2$ cm.

d) Für den Oberflächeninhalt eines Würfels gilt $O = 6a^2$.
Hier: $O = 6 \cdot 20,2^2 \text{ cm}^2 = 2\,448,24 \text{ cm}^2$.
Für den Oberflächeninhalt einer Kugel gilt: $O = 4\pi \cdot r^2$.
Hier: $O = 4\pi \cdot 12,5^2 \text{ cm}^2 \approx 1963,5 \text{ cm}^2$
Die würfelförmige Wassermelone hat die größere Oberfläche.

S. 96

e) Nach 3 Wochen wiegt die Wassermelone 3 200 g und nach 4 Wochen 6 400 g.

f) Sinja hat nicht recht. Der abgebildete Graph ist eine Gerade und beschreibt damit ein lineares Wachstum, das heißt, dass das Gewicht in jeder Woche um gleich viel Gramm zunähme. (Anders ausgedrückt: die Differenz der Gewichte von zwei jeweils aufeinander folgenden Wochen wäre konstant.) Da sich aber das Gewicht von Woche zu Woche verdoppelt, steigt das Gewicht immer stärker an, was auch durch den folgenden Graphen veranschaulicht wird.

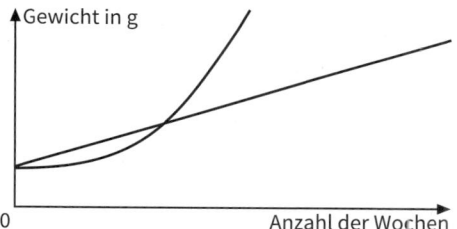

Aufgabe 3: Parabel und Rechteck

a) $f(3) = -0,5 \cdot 3^2 + 5,5 = -4,5 + 5,5 = 1$

b) An der Funktionsgleichung kann man ablesen, dass die Parabel nach unten geöffnet, gestaucht und um 5,5 in y-Richtung verschoben ist. Sie ist symmetrisch zur y-Achse.
Spiegelt man den Punkt $A_1(3\,|\,1)$ an der y-Achse, lautet sein Spiegelpunkt $(-3\,|\,1)$.
Wegen der Achsensymmetrie der Parabel muss er ebenfalls auf der Parabel liegen.

S. 97

c) Der Abstand der Punkte C_1 und D_1 beträgt 6 cm, während C_1 und B_1 einen Abstand von 1 cm haben. Das Rechteck $A_1B_1C_1D_1$ hat damit einen Umfang von
$u = 2 \cdot 6 \text{ cm} + 2 \cdot 1 \text{ cm} = 12 \text{ cm} + 2 \text{ cm} = 14 \text{ cm}$.

S. 97

d)

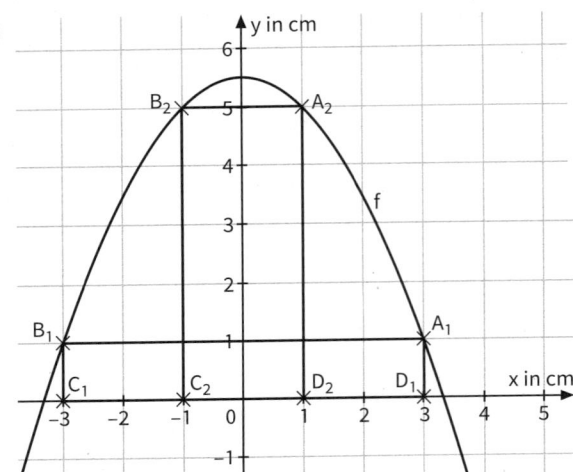

e) In den Term (I) muss x = 1 eingesetzt werden.
$2 \cdot 2 \cdot 1 + 2 \cdot (-0,5 \cdot 1^2 + 5,5) = 4 + 2 \cdot 5 = 14$
Das Rechteck hat einen Umfang von 14 cm.

f) $2 \cdot 2x + 2 \cdot (-0,5x^2 + 5,5)$ | Ausmultiplizieren der Klammer
$= 4x - x^2 + 11$
$= -x^2 + 4x + 11$

g) (1) Die Gleichung wird zuerst auf die Normalform $x^2 + p \cdot x + q = 0$ gebracht.

$-x^2 + 4x + 11 = 14,75$ | − 14,75

$-x^2 + 4x - 3,75 = 0$ | · (−1)

$x^2 - 4x + 3,75 = 0$ | Anwenden der p-q-Formel mit p = − 4 und q = 3,75

$x_{1/2} = + 2 \pm \sqrt{4 - 3,75}$
$= 2 \pm \sqrt{0,25}$
$= 2 \pm 0,5$

$x_1 = 2 + 0,5 = 2,5$ $x_2 = 2 - 0,5 = 1,5$

(2) Julia ermittelt mit ihrer Gleichung die Rechtecke, deren Umfang 14,75 cm beträgt.
Zu $x_1 = 2,5$ gehört der Punkt $A_2 (2,5 | 2,375)$ und zu $x_2 = 1,5$ gehört der Punkt
$A_3 (1,5 | 4,375)$.
In der folgenden Abbildung sind diese beiden Rechtecke eingezeichnet.

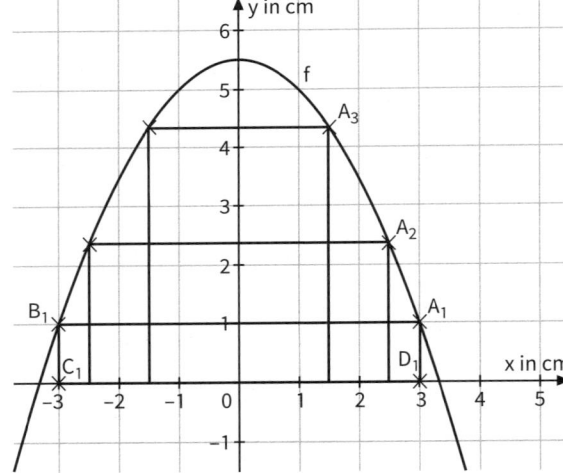

Zentrale Prüfung NRW Mittlerer Schulabschluss (MSA) 2021

Prüfungsteil I

S.98

Aufgabe 1 (V1 und V2)

Der markierte Teil des Insektenhotels hat die Form eines Rechtecks. In der untersten Reihe liegen 19 Röhrchen nebeneinander, in der Reihe darüber sind es 20 Röhrchen. Es sind ca. 18 Reihen übereinander. $18 \cdot 19 = 342$ und $18 \cdot 20 = 360$.
Geschätzt sind ungefähr 350 Röhrchen zu sehen.

Aufgabe 2 (V1)

$2,5\ h = 2,5 \cdot 60\ min = 150\ min = 150 \cdot 60\ s = 9\,000$ Sekunden
$1\,296\ cm = 12,96$ Meter
$50\ g = 0,05$ Kilogramm

Aufgabe 2 (V2)

$\frac{2}{10} = 0,2 \qquad 0,15 \qquad 10^{-1} = 0,1 \qquad 0,05$

$0,05 < 10^{-1} < 0,15 < \frac{2}{10}$

S.99

Aufgabe 3 (V1)

Für das Volumen einer Pyramide gilt: $V = \frac{1}{3} \cdot G \cdot h$; bei einer quadratischen Grundfläche gilt: $V = \frac{1}{3} \cdot a^2 \cdot h$.

Hier: $V = \frac{1}{3} \cdot 15^2\ cm^2 \cdot 24\ cm = 1\,800\ cm^3$

$1\,800\ cm^3 \cdot 0,8\ \frac{g}{cm^3} = 1\,440\ g \qquad$ Die Holzpyramide hat ein Volumen von $1\,800\ cm^3$ und wiegt $1\,440\ g$.

Aufgabe 3 (V2)

a) Für das Volumen eines Quaders gilt: $V = a \cdot b \cdot c$
   hier: $V = 1,94\ m \cdot 2,88\ m \cdot 0,40\ m = 2,235\ m^3$

b) Der Boden hat einen Flächeninhalt von $1,94\ m \cdot 2,88\ m = 5,5872\ m^2$. Die beiden kürzeren Seitenwände haben einen Flächeninhalt von $1,94\ m \cdot 0,4\ m \cdot 2 = 1,552\ m^2$. Die beiden längeren Seitenwände haben einen Flächeninhalt von $2,88\ m \cdot 0,4\ m \cdot 2 = 2,304\ m^2$. Insgesamt ist eine Fläche von $5,5872\ m^2 + 1,552\ m^2 + 2,304\ m^2 = 9,4432\ m^2$ zu lackieren, das sind 10 angefangene Quadratmeter. Die Lackierung kostet also $10 \cdot 39\ € = 390\ €$.

Aufgabe 4 (V1)

a)

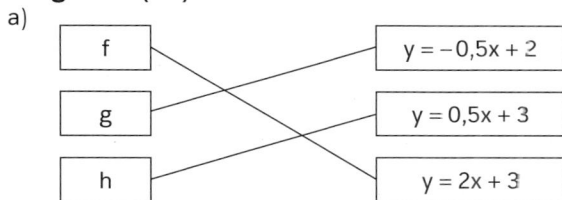

b) Der y-Achsenabschnitt ist 2 und die Steigung beträgt $m = \frac{3,5 - 2}{1} = 1,5$.
   Die Geradengleichung lautet $y = 1,5x + 2$.

S.100

Aufgabe 4 (V2)

a)   I. $6x - 4y = -26$ $x = -3$ in I. einsetzen: $-18 - 4y = -26 \qquad |+18$

       II. $2x + 4y = 2$ $-4y = -8 \qquad |:(-4)$

I. + II.: $8x = -24 \qquad |:8$ $y = 2$

            $x = -3$ Probe mit II.: $2 \cdot (-3) + 4 \cdot 2 = 2$ (wahr)

Die Lösung lautet: $x = -3$ und $y = 2$.

S.100

b) I.   y = 3x – 7
    II. y = 3x + 5

Die beiden Geraden, die durch diese Gleichungen beschrieben werden, haben die gleiche Steigung, aber verschiedene y-Achsenabschnitte. Sie verlaufen damit echt parallel und haben keinen Schnittpunkt.

Aufgabe 5

a) Preis mit 19 % Mehrwertsteuer:
    19 % von 33,57 € = 0,19 · 33,57 € ≈ 6,38 €; 33,57 € + 6,38 € = 39,95 €
    [oder in einem Schritt: 33,57 € · 1,19 ≈ 39,95 €]
    Preis mit 16 % Mehrwertsteuer: 33,57 € · 1,16 = 38,94 €

b) Zelle E3

c) Die Ersparnis beim T-Shirt beträgt 0,23 € : 8,95 € ≈ 0,026 = 2,6 %; beim Pullover beträgt sie
    0,35 € : 13,95 € ≈ 0,025 = 2,5 % und beim Kapuzenpullover 1,01 € : 39,95 € ≈ 2,5 %.
    Das sind weniger als 3 %.

Prüfungsteil II

S.101

Aufgabe 1: Glaskugel

a) Für das Volumen einer Kugel gilt: $V = \frac{4}{3} \cdot \pi \cdot r^3$.

Mit r = 4 cm ergibt sich: $V = \frac{4}{3} \cdot \pi \cdot 4^3 \, cm^3 \approx 268{,}08 \, cm^3$

b) Für den Oberflächeninhalt einer Kugel gilt: $O = 4 \cdot \pi \cdot r^2$; hier: $O = 4 \cdot \pi \cdot 4^2 \, cm^2 \approx 201{,}06 \, cm^2$

1 Liter Farbe reicht für $12 \, m^2 = 120\,000 \, cm^2$.
$120\,000 \, cm^2 : 201{,}062 \, cm^2 = 596{,}831$
Es können rund 596 (knapp 600) Kugeln mit 1 Liter Farbe lackiert werden.

c) Verdoppelt man den Durchmesser der Kugeln, ergibt sich ein Radius von r = 8 cm und ein Oberflächeninhalt von $O = 4 \cdot \pi \cdot 8^2 \, cm^2 \approx 804{,}25 \, cm^2$. Der Oberflächeninhalt einer Kugel ist damit nicht doppelt, sondern viermal so groß. Der Praktikant hat nicht recht.

d)

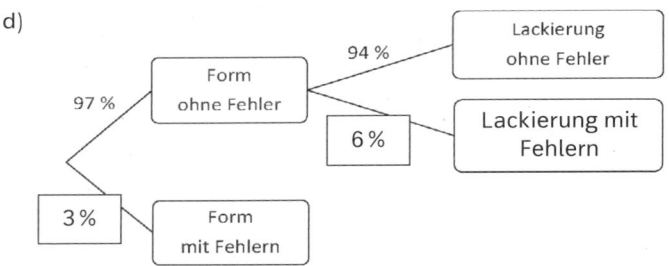

e) Der untere Ast des Baumdiagramms ist nicht fortgeführt, da Kugeln mit fehlerhafter Form sofort aussortiert werden und keine weitere Kontrolle durchlaufen.

f) Die Wahrscheinlichkeit, dass eine Kugel fehlerfrei ist, berechnet man mit der Pfadregel:
    0,97 · 0,94 = 0,9118.
    2 000 · 0,9118 = 1 823,6
    Bei 2 000 Kugeln sind ca. 1 823 fehlerfreie Kugeln zu erwarten.

S. 102

Aufgabe 2: Blobbing

a)

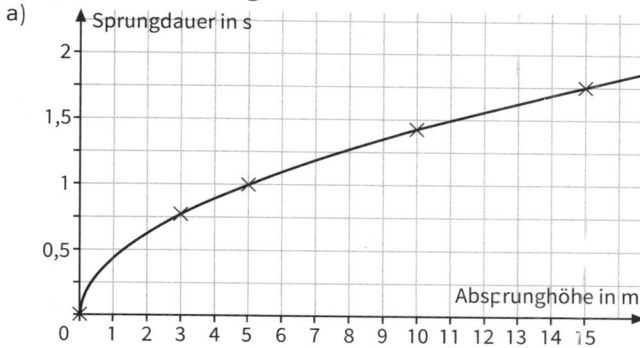

b) Wenn zwischen Absprunghöhe und Sprungdauer ein linearer Zusammenhang bestünde, wären Absprunghöhe und Sprungdauer proportional zueinander. Bei einer Absprunghöhe von 5 m beträgt die Sprungdauer 1 s. Bei einer Absprunghöhe von 10 m müsste die Sprungdauer dann 2 s betragen, bei 15 m sogar 3 s. Beides ist hier nicht der Fall.
Oder: Bei einem linearen (hier proportionalen) Zusammenhang müsste der Graph aus a) eine Ursprungsgerade sein. Das ist nicht der Fall

S. 103

c) Die Flugbahn hat die Form einer Parabel mit dem Scheitelpunkt $(5|6)$. Aus der Funktionsgleichung von f kann man genau diesen Scheitelpunkt ablesen.
a muss negativ sein, da die Parabel der Flugbahn nach unten geöffnet ist.

d) Aus Abbildung 4 kann man den Punkt $P(0|1)$ ablesen. Einsetzen dieser Koordinaten in die Gleichung von f ergibt:

$$1 = a \cdot (0 - 5)^2 + 6$$
$$1 = a \cdot 25 + 6 \qquad |-6$$
$$-5 = a \cdot 25 \qquad |: 25$$
$$a = -0{,}2$$

e) $f(x) = -0{,}2 \cdot (x - 5)^2 + 6 \qquad$ | binomische Formel
$f(x) = -0{,}2 \cdot (x^2 - 10x + 25) + 6 \qquad$ | ausmultiplizieren
$f(x) = -0{,}2 \cdot x^2 + 2 \cdot x - 5 + 6$
$f(x) = -0{,}2x^2 + 2x + 1 \qquad [= g(x)]$

f) Berechnet werden muss die positive Nullstelle von f.

$$-0{,}2 \cdot (x - 5)^2 + 6 = 0 \qquad |-6$$
$$-0{,}2 \cdot (x - 5)^2 = -6 \qquad |: (-0{,}2)$$
$$(x - 5)^2 = 30 \qquad |\sqrt{}$$
$$x - 5 \approx 5{,}48 \qquad |+ 5$$
$$x \approx 10{,}48$$

Blobber A ist ungefähr 10,5 m weit geflogen.

g) Beide Flugbahnen sind nach unten geöffnete Parabeln und beide Blobber erreichen ihre größte Höhe nach $x = 5$ m. Blobber B erreicht mit 8 m eine größere Höhe als Blobber A mit 6 m.
[Die Parabel von Blobber B ist wegen des größeren Streckfaktors von 0,28 enger als die Parabel von Blobber A.]

S. 104

Aufgabe 3: Muster

a) Nach dem Satz von Pythagoras gilt: $c^2 = (3\text{ cm})^2 + (3\text{ cm})^2$
$c^2 = 18\text{ cm}^2 \quad \rightarrow \quad c \approx 4{,}243\text{ cm}$

b) Die Hypotenuse von Dreieck D_3 wird zu einer Kathete von Dreieck D_4. An die rechte obere Ecke von D_3 wird ein rechter Winkel zur Hypotenuse von D_3 gezeichnet.
Die zweite Kathete, die genauso lang ist wie die erste, wird auf dem freien Schenkel dieses Winkels abgetragen (gemessen oder mit einem Zirkel konstruiert). Die Endpunkte der Katheten werden verbunden (Hypotenuse von D_4).
Oder: Man zeichnet an die Hypotenuse von D_3 einen 90°-Winkel und einen 45°-Winkel. Der Schnittpunkt der beiden freien Schenkel ist der rechte Eckpunkt von D_4.

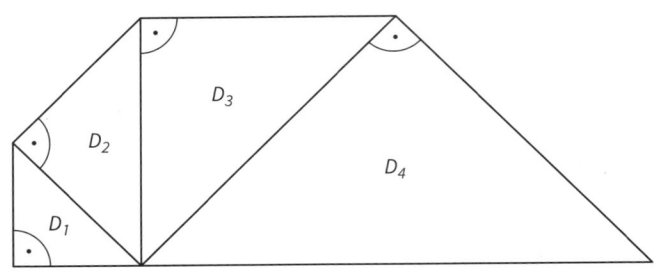

c) In einem gleichschenkligen rechtwinkligen Dreieck sind die beiden Basiswinkel jeweils 45° groß. Nach vier Dreiecken sind insgesamt 180° erreicht, nach acht Dreiecken 360°. Die Hypotenuse von D_8 fällt damit auf die erste Kathete von D_1, danach würden sich die Dreiecke überschneiden.

d) Flächeninhalt von D_1: $A_1 = 3\text{ cm} \cdot 3\text{ cm} : 2 = 4{,}5\text{ cm}^2$
Flächeninhalt von D_2: $A_2 = \sqrt{18}\text{ cm} \cdot \sqrt{18}\text{ cm} : 2 = 18\text{ cm}^2 : 2 = 9\text{ cm}^2$
Da $9\text{ cm}^2 = 2 \cdot 4{,}5\text{ cm}^2$, verdoppelt sich der Flächeninhalt.

S. 105

e) Da sich der Flächeninhalt von einem Dreieck zum nächsten immer verdoppelt, kann man die Tabelle fortführen. D_6 hat einen Flächeninhalt von 144 cm^2 und D_7 hat bereits einen Flächeninhalt von 288 cm^2, ist also größer als 250 cm^2.

f) Das Dreieck D_8 ist doppelt so groß wie D_7, hat also einen Flächeninhalt von 576 cm^2.
Für den Flächeninhalt von D_8 gilt: $A_8 = a^2 : 2$, wobei a die Länge der Kathete ist.
$576\text{ cm}^2 = a^2 : 2 \qquad | \cdot 2$
$1\,152\text{ cm}^2 = a^2 \qquad | \sqrt{\ }$
$a \approx 33{,}94\text{ cm}$
a ist länger als die längere Seite des DIN-A4-Blatts, damit kann man das Dreieck D_8 nicht aus einem DIN-A4-Blatt ausschneiden. Jan hat nicht recht.

Zentral Prüfung NRW Mittlerer Schulabschluss (MSA) 2019

Prüfungsteil I

S.106

Aufgabe 1

a) $-6{,}26 < -0{,}626 < \frac{1}{6} < \frac{6}{10}$, da $\frac{1}{6} = 0{,}166\ldots$ und $\frac{6}{10} = 0{,}6$

Aufgabe 2

a) Durch die Diagonale d entsteht ein rechtwinkliges Dreieck. Die Seiten a und b bilden die Katheten, d ist die Hypotenuse. Mit dem Satz des Pythagoras gilt: $(5\text{ cm})^2 + (3\text{ cm})^2 = d^2$.
$d^2 = 25\text{ cm}^2 + 9\text{ cm}^2 = 34\text{ cm}^2$
$d = \sqrt{34}\text{ cm} \approx 5{,}83\text{ cm}$ Die Diagonale ist ca. 5,8 cm lang.

b) Der Flächeninhalt des Rechtecks beträgt $A = 5\text{ cm} \cdot 3\text{ cm} = 15\text{ cm}^2$. Nach dem Verdoppeln der Seitenlängen ist das Rechteck 10 cm lang und 6 cm breit. Sein Flächeninhalt beträgt nun $10\text{ cm} \cdot 6\text{ cm} = 60\text{ cm}^2$. Durch das Verdoppeln der Seitenlängen hat sich der Flächeninhalt vervierfacht.

c) Für das Rechteck muss gelten: $a \cdot b = 24\text{ cm}^2$.
1. Möglichkeit: $a = 2\text{ cm}$ und $b = 12\text{ cm}$
2. Möglichkeit: $a = 3\text{ cm}$ und $b = 8\text{ cm}$
3. Möglichkeit: $a = 4\text{ cm}$ und $b = 6\text{ cm}$ usw.
Weitere Möglichkeiten findet man, wenn man für a eine Länge vorgibt und b berechnet:
$b = 24\text{ cm}^2 : a$. Beispiel: Mit $a = 7{,}5\text{ cm}$ folgt $b = 24\text{ cm}^2 : 7{,}5\text{ cm} = 3{,}2\text{ cm}$.

Aufgabe 3

a) Da $f(0) = c$, ist $(0 \mid c)$ der Punkt, in dem die Parabel die y-Achse schneidet. Die Parabel schneidet die y-Achse bei $(0 \mid 3)$, also ist $c = 3$.

b) Damit die Parabel vollständig oberhalb der x-Achse verläuft, müssen die Werte von c positiv sein ($c > 0$).

S.107

Aufgabe 4

a)

Formel	geeignet	nicht geeignet
=B5/3		X
=B8*B2	X	
=C10−(C5+C6+C7)		X

In Zelle C8 wird die Tourismussteuer für 7 Nächte berechnet. Dazu passt die Formel =B8*B2, bei der die Tourismussteuer für eine Nacht mit der Anzahl der Nächte multipliziert wird. Mit der Formel =B5/3 wird der Übernachtungspreis durch 3 dividiert, sie ist also nicht geeignet. Die dritte Formel ist nicht geeignet, wenn C10 mit der Formel =C5+C6+C7+C8 berechnet wird, da dafür der Wert von C8 schon bekannt sein muss. Man könnte die dritte Formel aber verwenden, wenn man z. B. in B10 die Gesamtkosten pro Nacht summiert und in C10 dieses Ergebnis mit der Anzahl der Nächte multipliziert.

b) Tarek spart 42 € von 202,30 €: $G = 202{,}30\text{ €}$, $W = 42\text{ €}$, Gesucht: $p\% = \frac{W}{G}$

$p\% = \frac{42}{202{,}30} \approx 0{,}21 = 21\%$

Tarek spart ungefähr 21 % der Gesamtkosten, wenn er kein Abendessen bucht.

Aufgabe 5

Lösung mit dem Additionsverfahren:

I. $4x + y = 16$
II. $-2x - 2y = 4$ $\mid : (-2)$

I. $4x + y = 16$
II. $x + y = -2$

———————————————

I. − II. $3x = 18$ $\mid : 3$
            $x = 6$

Einsetzen in I.: $24 + y = 16$ $\mid -24$
                 $y = -8$

Probe mit II.: $-12 + 16 = 4$ (wahr)

Prüfungsteil II

S. 108

Aufgabe 1: Kaugummiautomat

a) Für das Volumen einer Kugel gilt: $V = \frac{4}{3}\pi \cdot r^3$. Da der Durchmesser d = 14 mm, beträgt der Radius

r = 7 mm = 0,7 cm. Damit ergibt sich: $V = \frac{4}{3}\pi \cdot 0,7^3$ cm³ = 1,43676... cm³ ≈ 1,44 cm³.

b) Eine Kaugummikugel wiegt 1,44 cm³ · 0,82 $\frac{g}{cm^3}$ = 1,1808 g.
300 g : 1,1808 g ≈ 254
In einer 300-g-Packung sind 254 Kugeln.

c) Steffi hat mit dem Term in der Klammer das Volumen des Behälters berechnet und dieses Volumen durch das Volumen einer Kaugummikugel geteilt. Sie hat nicht berücksichtigt, dass die Kugeln nicht dicht aneinander gepackt sind, sondern sich dazwischen noch Lücken befinden. Es passen weniger als 8035 Kugeln in den Behälter. Der Ansatz ist also nicht geeignet.

S. 109

d) In dem Automaten sind insgesamt 20 Kaugummikugeln, davon sind 8 rot. Die Wahrscheinlichkeit,

eine rote Kugel zu ziehen, beträgt danach $P(\text{rot}) = \frac{8}{20} = \frac{2}{5}$.

e)

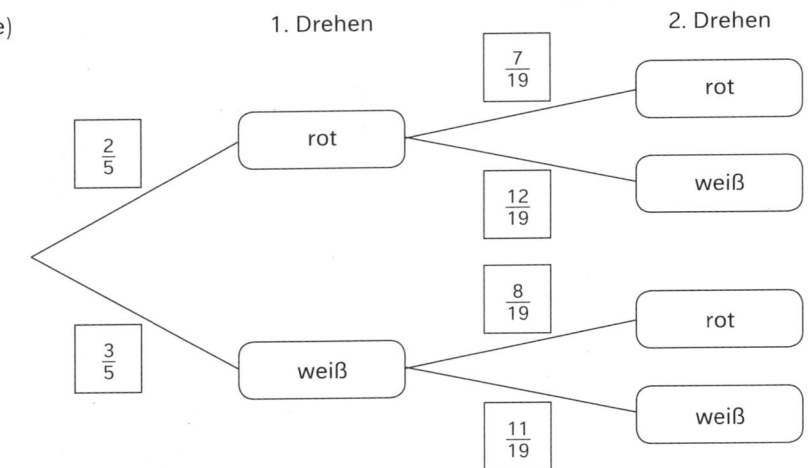

1. Drehen   2. Drehen

f) P(zwei verschiedenfarbige Kugeln) = P(rot; weiß) + P(weiß; rot)

$= \frac{2}{5} \cdot \frac{12}{19} + \frac{3}{5} \cdot \frac{8}{19} = \frac{24}{95} + \frac{24}{95} = \frac{48}{95} = 0,505263... > 50\%$

Steffis Bruder hat nicht recht, die Wahrscheinlichkeit ist etwas größer als 50%.

S. 110

Aufgabe 2: Schwimmbecken

a) Das Schwimmbecken hat die Form eines Zylinders. Für das Volumen gilt die Formel: V = G · h.
Gegeben sind V = 14,43 m³ und h = 1,5 m. Damit folgt: G = V : h = 14,43 m³ : 1,5 m = 9,62 m².

b) Gegeben ist die Grundfläche G = 9,62 m². Das Wasser steht 1,30 m hoch. Das Volumen des Wassers beträgt V = G · h = 9,62 m² · 1,3 m = 12,506 m³ = 12506 dm³ = 12506 Liter.
In das Becken werden ca. 12500 Liter gefüllt.

c) Die Grundfläche des Schwimmbeckens ist ein Kreis. Zu bestimmen ist sein Durchmesser. Wegen

$G = \pi \cdot r^2 = 9,62$ m² folgt: $r = \sqrt{\frac{9,62 \text{ m}^2}{\pi}} \approx 1,75$ m. Damit ist der Kreisdurchmesser d = 2r ≈ 3,50 m.

Jede Seite der Terrasse ist 3,50 m + 0,80 m = 4,30 m lang.

d) 0,5 ist der Startwert. Er gibt an, wie viele Quadratmeter der Wasserfläche zu Beginn der Beobachtung bedeckt sind. 1,2 ist der Wachstumsfaktor (1 + p%), da sich die Algen täglich um 20% vermehren. f(x) beschreibt die Größe der bedeckten Fläche nach x Tagen.

e) „Nach 6 Tagen" bedeutet x = 6: f(6) = 0,5 · 1,2⁶ ≈ 1,493
Nach 6 Tagen sind ungefähr 1,5 m² mit Algen bedeckt.

f) Die Exponentialfunktion wächst für zunehmende x immer weiter, während die Wasseroberfläche des Schwimmbeckens begrenzt ist. Daher kann die Funktion das Wachstum nur für einen begrenzten Zeitraum beschreiben. Durch Probieren mit f(x) sieht man, dass nach 17 Tagen die bedeckte Fläche ca. 11 m² betragen würde. Das ist größer als die Wasseroberfläche des Schwimmbeckens.

S.111

Aufgabe 3: Würfel

a) Figur 4 besteht aus $6 \cdot 4 = 24$ Würfeln.

b) $8 \cdot (8 + 2) = 8 \cdot 10 = 80$ Figur 8 besteht aus 80 Würfeln.

c) Figur 1 ist einen Würfel hoch, jede folgende Figur ist um je einen Würfel höher. Damit ist Figur n dann n Würfel hoch.
Jede Figur ist um zwei Würfel breiter als hoch, also ist Figur n dann $n + 2$ Würfel breit.
Da die Figuren jeweils ein Rechteck bilden, besteht Figur n aus insgesamt $n \cdot (n + 2)$ Würfeln.

d) $n \cdot (n + 2) = 224$ $\qquad | -224$
$n^2 + 2n - 224 = 0$ $\qquad$ | p-q-Formel
$n_{1/2} = -1 \pm \sqrt{1 + 224} = -1 \pm \sqrt{225} = -1 \pm 15$
$n_1 = -16; n_2 = 14$
Da die Anzahl der Würfel nur positiv sein kann, ist es Figur 14, die aus insgesamt 224 Würfeln besteht.

e) (I) $\quad n \cdot (n + 2) = n^2 + 2n$
(II) $(n + 1)^2 - 1 = n^2 + 2n + 1 - 1 = n^2 + 2n$
Die Terme (I) und (II) sind also gleichwertig.

f) Durch systematisches Probieren erhält man:
$20 \cdot 22 = 440$
$25 \cdot 27 = 675$
$22 \cdot 24 = 528$
$21 \cdot 23 = 483$
Mit 500 Würfeln können sie höchstens Figur 21 bauen, zu Figur 22 fehlen ihnen noch 28 Würfel.